Auf
Reisen
mit
SISI

# Auf Reisen mit SISI

Text: Peter Müller
Bildautor: Viktor Kabelka

Pichler Verlag

*Umschlagbild: Kaiserin Elisabeth auf Korfu.
Gemälde von Friedrich August von Kaulbach, nach 1898.
(Bundesmobiliensammlung, Wien)*

*Abbildung Umschlag hinten und Seite 3:
das „Reisewappen" Elisabeths*

Reproduktionen aus den Reisealben Elisabeths: Foto Fayer

ISBN 3-85431-277-6
© 2002 by Pichler Verlag GmbH & Co KG
Alle Rechte vorbehalten
Pichler Verlag im Internet: www.pichlerverlag.at

Umschlag: Bruno Wegscheider
Druck und Bindung: Elbemühl, Wien

# INHALT

| | |
|---|---|
| Elisabeth und die Macht der Bilder – eine Vorrede | 7 |
| Eine kaiserliche Fremde | 11 |
| Station Stockerau, Station Kairo… | 14 |
| Die Flucht vor dem Winter | 16 |
| Am liebsten ging ich ein wenig nach Amerika… | 20 |
| Zu den lichten Küsten des Lebens | 23 |
| Auch ich bin heimatlos… | 27 |

BILDTEIL:

| | |
|---|---|
| Wo die Schatten wohnen und die Träume… | 33 |
| Ein Stück Freiheit | 49 |
| …dann beginn ich meinen „Mövenflug" | 67 |
| Pilgerin des Nordens | 91 |
| Das Eden, welches ich erträumte… | 127 |

*Das Leben auf dem Schiffe ist viel schöner*
*als jedes Ufer. Die Reiseziele*
*sind nur deswegen begehrenswert, weil*
*die Reise dazwischen liegt. Wenn ich irgendwo*
*angekommen wäre und wüsste, dass ich*
*nie mehr mich davon entfernen könnte,*
*würde mir der Aufenthalt selbst in einem Paradies*
*zur Hölle. Der Gedanke, einen Ort*
*bald verlassen zu müssen, rührt mich*
*und lässt mich ihn lieben. Und so begrabe ich*
*jedesmal einen Traum, der zu rasch vergeht,*
*um nach einem neuen zu seufzen.*

Elisabeth
(in: Konstantin Christomanos,
Tagebuchblätter)

# ELISABETH UND DIE MACHT DER BILDER – EINE VORREDE

Außergewöhnliche Schönheit war Elisabeths kostbarstes Gut. Als graziöse „Feenkönigin" erschien sie ihren Untertanen, anmutig und von liebreizender Eleganz prangte sie von zahlreichen Gemälden und sorgfältig vorbereiteten Photoserien. Diese Bilder von ihr formten jene „Sisi"-Legende, die bis heute unsere Vorstellung von der „Kaiserin wider Willen" (B. Hamann), der „seltsamen Frau" (E. C. C. Corti) an der Seite Kaiser Franz Josephs prägt, entscheidend mit.
Elisabeth wußte um die öffentliche Wirkung ihres faszinierenden Erscheinungsbildes und verhielt sich entsprechend: Ihre Schönheit wurde ihr zum Refugium; hier fühlte sie sich geborgen, war sie unangreifbar, sosehr man sich auch über ihre sonstigen Schwächen mokieren mochte. „Sie betete ihre Schönheit an wie ein Heide seinen Götzen und lag vor ihr auf den Knien", berichtet uns ihre Nichte Marie Larisch, wohl verkennend, welche zentrale Bedeutung sich tatsächlich hinter diesem „Götzendienst" verbarg: Elisabeth erkaufte sich ihre innere Unabhängigkeit mit einem ästhetischen Ideal, für das sie zeitlebens hart kämpfen mußte. Das war keine Marotte, kein Spleen, sondern einfach eine Lebensnotwendigkeit. Und dieser tägliche Kampf mit Haaren, Taille, Teint und Gewicht wurde umso anstrengender, je älter sie wurde. Doch es gab für sie keinen Ausweg, „bejubelt vom Monarchen bis zum kleinen Mann", ward sie „Schritt für Schritt an ihr eigenes Bild fixiert". (Peter Gathmann)
Die Bilder der strahlend schönen Kaiserin diktierten ihr Sein auch dann noch, als der Kampf verloren schien, der Schein nur mühsam aufrecht erhalten werden konnte und sie sich mit Fächer und Schleier jedem Kameraauge entzog. Doch gerade dem Medium der Photographie, das sie wie keine andere Herrscherin des 19. Jahrhunderts zur Berühmtheit gemacht hatte, blieb sie auch in fortgeschrittenerem Alter treu: nun als Sammlerin und Auftraggeberin. Sie, die sich auf ihren zahllosen Reisen eine neue Welt erschafft, in der die romantische literarische Imagination an die Stelle der Realität tritt, entdeckt jetzt die Photographie als ästhetisches Abenteuer: In den Bildern, die die Photographen ihr liefern, sieht sie die weiten Möglichkeiten des Schönen sich spiegeln,

findet sie die notwendige Ergänzung zu ihrer phantastischen und für sie doch so realen Traumwelt.

Nach den Reisen nach Madeira und Korfu in den Jahren 1860/61, die die Wegzeichen für Sisis Lebensstil in den folgenden Jahrzehnten setzten, begann sie mit dem Anlegen von Photoalben, insbesonders einer „Schönheitengalerie". Für diese kaiserliche Kollektion der schönsten Frauen wurden damals sämtliche Hofphotographen und die österreichischen Diplomaten im Ausland bemüht. Das Anliegen der Kaiserin stellte so manchen Auslandsvertreter vor die schwierige Aufgabe, mit den Aufnahmen Sisis Schönheitsideal gerecht zu werden, den österreichischen Gesandten in Konstantinopel stürzte es gar in eine Bredouille, zumal es unmöglich war, Photos von den sehnlichst erwünschten Haremsdamen zu bekommen.

Die Reiseunternehmungen der kaiserlichen Familie und der hochgestellten Gesellschaft wurden ebenfalls sehr oft zweifach dokumentiert. Mühevollere Besichtigungstouren blieben meist dem Illustrator vorbehalten, denn der Transport der schweren Kameras mit dem komplizierten und leicht zerbrechlichen Zubehör war nicht immer möglich. Außerdem entsprach die „künstlerische Wiedergabe" mehr dem schwärmerisch idealisierten Bild als die allzu authentische Aufnahme mittels Photographie, wenngleich der künstlerische Aspekt des Photos einen hohen Stellenwert einnahm. Auch bei wissenschaftlichen Aufzeichnungen und Publikationsabsichten erwies sich die Mitnahme eines geschulten Künstlers als sehr nützlich, das Verlassen auf sein eigenes Talent konnte fatale Folgen haben. So ist es etwa Julius August Schönborn nicht gelungen, dem Berliner Gelehrtenkreis seine sensationellen Entdeckungen antiker lykischer Kunst überzeugend mitzuteilen, da seine Zeichnungen davon so schlecht waren.

Kaiserin Elisabeth hat ihre Reisen jedoch vornehmlich photographisch dokumentiert. Das Achilleion aber, jener Bau, in dem sie ihre poetische Weltsicht so überzeugend verwirklicht haben wollte, ließ sie sowohl photographisch als auch durch eine Serie von Aquarellen verewigen. Schöpfer dieser Aquarelle, die sich heute zu einem Teil im Besitz des

Historischen Museums der Stadt Wien befinden, war Angelos Giallinā, angeblich der „einzige in Korfu lebende Maler" (Rosa von Gerold). Dabei war gerade Korfu ein Lieblingsmotiv österreichischer Landschaftsmaler wie Emil Jakob Schindler, Carl Moll, Marie Egner, Franz von Pausinger, Ludwig Hans Fischer und Franz von Matsch, der die Insel durch den Großauftrag Elisabeths für das Achilleion lieben gelernt hatte.

Im Nachlaß von Kaiserin Elisabeth fanden sich auch Photoalben über „Regenten und deren Angehörige", „Künstler" und „Wissenschaftler". Von Sisi selbst gibt es neben den bekannten Malerporträts zahlreiche Stahlstiche, Lithographien und auch eine große Anzahl von Photos, hauptsächlich aus den sechziger und siebziger Jahren. Sehr oft ist sie mit ihren geliebten Hunden abgebildet, für die sie sogar einen eigenen Hundewärter, genannt „Hundsbub", angestellt hat.

Die Aufnahmen aus den letzten zehn Lebensjahren sind fast durchwegs manipuliert, mit Ausnahme einiger weniger Schnappschüsse, wie der Spaziergang mit Franz Joseph in Bad Kissingen oder das ungewohnte Photo der einfach gekleideten, schon etwas alternden Kaiserin. Im Gegensatz zu Anton Romako, der auf einem seiner beiden Elisabethporträts seine psychologischen Interessen für die Dargestellte nicht aussparte, zeigt das Gemälde „Kaiserin Elisabeth auf Korfu" von Friedrich August von Kaulbach jenes romantische Bild der Kaiserin, das bis heute lebendig geblieben ist.

So will denn dieses Buch keine neuen Enthüllungen oder Sensationen bringen, sondern das Bild einer Frau zeigen, die sich auf die Flucht vor ihrer Zeit begab, auf „eine tragische Wanderung vom Sein in kindlicher Unbekümmertheit über Bild, Maske und Rollenanspruch als Kaiserin, zum Sein in der stolzen Einsamkeit einer ihre Persönlichkeit immer dichter und tiefer werden lassenden Leidfähigkeit". (P. Gathmann) Die Gestalt Elisabeths, der „ewig Wandernde(n) auf Wegen, die alle Vergangenheit, alle Gegenwart und alle Zukunft einschließen" (K. Christomanos), mag daher nicht zuletzt ein Spiegel unserer modernen Existenzformen sein...

# EINE KAISERLICHE FREMDE

Elisabeth, die exzentrische Individualistin aus dem Hause Wittelsbach auf dem österreichischen Kaiserthron, war bereits zu Lebzeiten zum Mythos geworden. Die Gründe dafür waren so vielfältig, daß uns auch heute noch, hundert Jahre nach dem Tod der Kaiserin, das große Interesse an ihr nicht außergewöhnlich erscheint. Die mit großer Akribie verfaßten, wissenschaftlich fundierten Biographien haben ihren Nimbus als außergewöhnliche Frau noch verstärkt. Die seit eh und je vielgelesenen Gesellschaftsreportagen mit ihren eigenen journalistischen Gesetzen und zahlreiche „literarische" Produkte haben schon zu Lebzeiten der öffentlichkeitsscheuen Kaiserin zur Verklärung der Person Elisabeths beigetragen, die schließlich in den Artikeln der sogenannten „Regenbogenpresse" und in den bekannten Filmproduktionen unserer Zeit fortgesetzt wurden – mit jeweils großem Publikumsecho und wirtschaftlichem Erfolg.

Elisabeth übte und übt auf Biographen, Kommentatoren und Interpreten eine ungeheure Faszination aus. Sie repräsentiert schließlich ein ganzes Zeitalter, dem mit Recht der Name „Gründerzeit" verliehen wurde; ihre bezaubernde Schönheit, ihr hoher Rang, ihre ganze Persönlichkeitsstruktur, ihr Schicksal, ihre Neigungen und ihre Möglichkeiten ergeben einen geradezu grenzenlosen Stoff. Ihr zwiespältiges Wesen, voller Diskrepanzen und Überraschungen, die Extreme im persönlichen Schicksal und in der Wahl und Ausübung ihrer Interessen fördern die nun schon so lange anhaltende Beschäftigung mit der Person der Kaiserin. Über so konträre Eigenschaften wie Bescheidenheit und Arroganz, Realitätssinn und Schwärmerei, Engagement und Lethargie, Humanität und Menschenverachtung, Leutseligkeit und Menschenscheu verfügen eben nur wenige Individuen, und gerade im Charakter Elisabeths formierten diese sich zum Erscheinungsbild einer Frau, die letztlich selbstbewußt und mit äußerster Konsequenz ihr eigenes Leben führte, der die Tabus der Etikette und dynastischer Konventionen kaum mehr etwas galten.

Ihr unbändiger Freiheitsdrang führte denn auch sehr frühzeitig zu ernsten Konflikten mit dem steifen Wiener Hof, vor allem mit der autoritären, streng aristokratisch denkenden Kaiserinmutter, Erzherzogin Sophie (1805–1872). Elisabeth, die keineswegs gewillt war, ihre Rolle als „Landesmutter" und erste Frau des Reiches so zu spielen, wie die strenge und kompromißlose Sophie es wünschte, begann zunehmend gegen diese Bevormundung zu rebellieren. Die spätere Hofdame Sisis, die Gräfin Marie Festetics (1839–1923), zitierte in ihrem Tagebuch sehr anschaulich die Klagen der Kaiserin über jene frühe Zeit, etwa den Aufenthalt auf Schloß Laxenburg: „Ich fühlte mich so verlassen, so einsam. Der Kaiser konnte tagsüber natürlich nicht hier sein, er ist täglich in der Früh nach Wien gegangen. Um sechs Uhr ist er zum Diner zurückgekehrt. Bis dahin war ich den ganzen Tag allein und hatte Angst vor dem Augenblick, da Erzherzogin Sophie kam. Denn sie kam jeden Tag, um jede Stunde zu spionieren, was ich tue. Ich war ganz à la merci dieser ganz bösartigen Frau. Alles war schlecht, was ich tat. Sie urteilte abfällig über jeden, den ich liebte. Alles hat sie herausbekommen, weil sie ständig gespitzelt hat. Das ganze Haus hat sie so gefürchtet, daß alle zitterten. Natürlich haben sie ihr alles mitgeteilt. Die kleinste Sache war eine Staatsaffäre." (Nach Brigitte Hamann, Elisabeth.)

Vor allem die ungewohnte Einsamkeit, die ihre Stellung mit sich

*Kein Schatten des Lebens liegt auf dem reinen Gesicht, eine leise Melancholie lindert die Strenge der edelsten Züge. Es gibt sehr schöne Menschen, die doch die Erinnerung an Schlechtes, eine Spur häßlicher Gedanken im Antlitz haben, aber hier glauben wir ein Wesen zu erblicken, das niemals durch Menschliches getrübt worden ist. ... Der stille Mund bemüht sich wohl gütig zu sein, aber er will nicht froh werden und die Augen blicken weg. Sie hat etwas in ihrem Gesicht von jenen Kindern, um die einem bange ist, weil sie nicht lange leben werden: man sagt von ihnen, daß sie zu gut für diese Welt sind, und ängstigt sich. ...*
*Eine abwehrende Geberde gegen das Leben hat sie immer bewahrt. Wie eine Fremde ist sie vorbeigegangen und hat von den Menschen nichts wissen wollen. Ihr Lärm und der Tumult der Leidenschaften ist ihr verhaßt gewesen, die gemeinen Freuden hat sie gemieden, den Prunk der Großen verschmäht. Am liebsten ist sie in der Einsamkeit gewesen, von den Leuten weg, mit der Ewigkeit des Meeres oder der Berge allein. Das Leben muß sie wie eine Verschleierung und Verfinsterung des Guten empfunden haben. Es zu vergessen, um dafür auf die eigene Seele lauschen, die inneren Stimmen vernehmen zu dürfen, hat sie sich gesehnt. Immer trachtete sie, in eine edlere Region zu entkommen...*
*Vor allen anderen ist ihr immer die Stadt des Alkinoos theurer gewesen. Dort hat sie sich getröstet. Gern wird sie da vom Achilleion zur alten Kirche gegangen sein, um im Garten zu sitzen und durch die Cypressen auf das blaue Meer, nach den rothen Bergen Albaniens zu schauen...*

HERMANN BAHR,
Die Zeit,
17. September 1898

*Kaiserin Elisabeth verabscheute die Etikette und flüchtete gern in die Einsamkeit, fern von den Sitten und Gebräuchen des kaiserlichen Hofes. Sie beabsichtigte, sich nicht mehr zu zeigen und den Festlichkeiten und Zeremonien fernzubleiben. Diese Sklaverei, diese Marter, wie sie die Pflichten ihrer Stellung nannte, sei ihr verhaßt. Sie war als junges Mädchen nicht zu der hohen Bestimmung erzogen worden, zu der sie später berufen wurde. Sie war der Ansicht, daß Freiheit jedes Menschen Recht sei. Ihre Vorstellung vom Leben glich einem schönen Feentraum von einer Welt ohne Gram und Zwang.*
PRINZESSIN STEPHANIE VON BELGIEN,
Ich sollte Kaiserin werden

*Romantischen Dichtern vergleichbar bist du, mit allen ihren melancholischen Träumen lauschend dem Sang der Baumeswipfel im Morgenwinde, und den schrillen Schrei des Lebens meidend! Wer findet hienieden, hat allzunah gesucht — wer ewig sucht, der findet seine Seele! Genügsamkeit, unromantisches Wort dieser Erde!*
*Elisabeth, was konnte dir genügen?! Bergfrieden und die eigene Einsamkeit!*
*Was viele zarte Edle, in sparsamen Augenblicken nur, zu erträumen, zu erleiden wagen, dazu hattest du die Kraft ein Leben lang!*
*Ferngerückt warst du denen, die geknebelt von Tag und Stunde den leisen Seufzer feige unterdrücken müssen in ihren Polstern nach Welten, die da kommen werden – – –. Nah warst du den Dichtern, den träumerischen wagemutigen Vorläufern der Menschheit – – –.*
PETER ALTENBERG,
Märchen des Lebens

brachte, machte Elisabeth besonders schwer zu schaffen, ein Problem, das sie zudem Franz Joseph kaum verständlich machen konnte, da er von Kind an auf diese Isolierung seiner Person vorbereitet worden war. Elisabeth dagegen empfand bereits nach kurzer Zeit die extreme Belastung dieser Lebensform. Am 8. Mai 1854 schrieb sie:

„Oh, daß ich nie den Pfad verlassen,
Der mich zur Freiheit hätt' geführt.
Oh, daß ich auf der breiten Straßen
Der Eitelkeit mich nie verirrt!

Ich bin erwacht in einem Kerker,
Und Fesseln sind an meiner Hand.
Und meine Sehnsucht immer stärker –
Und Freiheit! Du, mir abgewandt!

Ich bin erwacht aus einem Rausche,
Der meinen Geist gefangenhielt,
Und fluche fruchtlos diesem Tausche,
Bei dem ich Freiheit! Dich – verspielt."

*ELISABETH*, Das poetische Tagebuch

So unglücklich Sisi in jenen Jahren auch war, sooft sie auch kleine Niederlagen in der Auseinandersetzung mit ihrer Schwiegermutter einstecken mußte – die Bedeutung und Möglichkeiten ihrer Position wurden ihr doch allmählich bewußt, und sie fand sehr bald jene Freiräume, die ihr späteres Leben bestimmten. Mit sehr viel Macht ausgestattet, ohne geringste materielle Sorgen, lebte sie ausschließlich ihren individuellen Interessen, ihrer Selbstverwirklichung, ja Emanzipation als Frau.
Elisabeth war unbestritten die schönste Monarchin auf einem europäischen Thron, und sie setzte aus den eingangs schon erwähnten Gründen ihren Ehrgeiz darein, es auch zu bleiben, selbst auf Kosten der eigenen Gesundheit. Sie war die beste Reiterin ihrer Zeit, die Sensation auf den großen englischen und irischen Parforcejagden; etwaige Bedenken des Hofes angesichts dieser ungezügelten Sportleidenschaft schob sie einfach zur Seite. In einer Wirklichkeit, die sie nicht ertragen wollte und nicht tolerieren konnte, schuf sie sich neben ihrem für sie so elementaren exzessiven Schönheitskult und der Sportmanie zunehmend eine „Welt der inneren Bilder" (Peter Gathmann), eine Welt der Poesie, in der Homer, Shakespeare und vor allem Heinrich Heine, der „Meister", mit dem sie auch spiritistischen Verkehr zu haben glaubte, eine unumschränkte Herrschaft antraten. An die Stelle der Realität trat nun das Phantasma, die romantische Illusion und Imagination.
„Enklaven der Poesie" (Peter Gathmann) wie die Hermesvilla und das Achilleion auf Korfu ließ sie sich errichten, in denen sie eben jener anderen Welt des Traumes leben zu können glaubte. Und in dieser Fixierung auf Phantasma und Illusion hat auch Elisabeths merkwürdige Reiselust ihren unverrückbaren Platz: Sie ist nach den Enttäuschungen ihrer jungen Ehe zeitlebens auf der vergeblichen Suche nach der Verwirklichung jener Traumbilder und wird doch immer nur wieder aufs neue enttäuscht. Elisabeth erkannte dies selbst, und immer mehr trat denn auch die Reise an sich, das Oszillieren zwischen Ankunft und Abschied in den Vordergrund, ja wurde zum Selbstzweck: „Es (= das Reisen) ist ein ideales, chemisch reines, krystallisiertes Leben, ohne Wunsch und ohne Zeitempfindung", erklärte sie ihrem Vorleser

Christomanos; das „Gefühl des Lebens", dessen Schmerzhaftigkeit und Sinnlosigkeit könnte sie nur auf ihren Fahrten überwinden. Elisabeth wählte die Reise zur Lebensform, kultivierte sie als ihre einzig adäquate Beschäftigung; ja, in einer wahren Bewegungsmanie stürmt sie vorwärts, überall, auf dem Meer und in den Städten, auf Berggipfeln und an der Spitze einer dahinrasenden Parforcejagd jenem Phantasma des letzten Verschmelzens mit dem Kosmos auf der Spur, das sie endlich mit sich selbst in Einklang bringen soll. Und so zeugen die Reisen Sisis, ihr „Flanieren" von Ort zu Ort, nicht zuletzt von der Absurdität, die die Institution „Kaiserin" im ausgehenden 19. Jahrhundert bereits kennzeichnete: Politisch obsolet geworden – und Elisabeth erfaßte dieses sehr deutlich –, blieb nur mehr der Rückzug auf den privaten Raum. „In Politik mische ich mich nicht mehr", schrieb sie schon 1876 an Franz Joseph, deren vielfältigen Sachzwängen und Geboten die Freiheit der Schiffsplanken und dicht bevölkerten Boulevards in den Städten ganz Europas vorziehend.

Elisabeths wirklich weitreichende, wenn auch im geheimen betriebene literarische Ambitionen und ihr ausgeprägter Hang zum Süden, vor allem zu Griechenland, waren seit jeher eine typische Wittelsbacher Eigenheit. Man möchte meinen, auch die Sehnsucht nach der Ferne wäre vererbbar, erinnert man sich der unbändigen Reiselust von Elisabeths Vater, Herzog Max in Bayern. Der populäre, unorthodoxe und volkstümliche Herzog Max war sogar eine ausgesprochene „Flugvogelnatur", der auch kurz nach der Geburt seiner Tochter Elisabeth das Weite suchte, stets von seiner über alles geliebten Zither begleitet. Selbst die Pyramiden wurden für ihn erst beim Zitherklang und Absingen bayerischer Schnadahüpfeln zum vollkommenen Erlebnis. Als er einmal von einer Reise vier kleine Mohren mitbrachte, steigerte dies seine Popularität und dokumentierte seine Exzentrik. Seine unzähligen Reisen wurden von ihm schriftstellerisch und dichterisch ausführlich festgehalten, wie etwa in dem Buch „Wanderungen nach dem Orient", das 1839 in München erschienen ist.

Wie bei jedem anderen Menschen waren auch für Elisabeths späteres Leben die Kindheit und die frühe Jugendzeit von prägender Bedeutung. Im Mittelpunkt stand die fürsorgliche ganz in der Erziehung ihrer Kinder aufgehende Mutter Ludovika, ebenfalls Wittelsbacherin und Schwester von Erzherzogin Sophie, und der in jeder Beziehung sehr eigenwillige Vater. Diese unbeschwerte und unzeremoniöse Lebensart stand in großem Kontrast zum Wiener Hofe; der jungen Kaiserin wollte die erhoffte Anpassung an die neuen Gegebenheiten nicht gelingen. Im Gegenteil, diese bildeten die Wurzel großer psychosomatischer Probleme und für die Wiener Umgebung schwer nachvollziehbarer, nicht selten auch provokativer Handlungen. Ein wichtiges Detail war auch die völlig konträre Beurteilung des neugegründeten griechischen Staates. Während Bayern traditionell im Philhellenismus schwelgte, war Österreich strikt gegen diese schwärmerische Verbrüderung mit den Griechen und blieb es lange Zeit, trotz der Befürwortung einer griechenfreundlichen Politik etwa durch Erzherzog Johann oder den Staatsmann Anton Prokesch-Osten. Der Wechsel vom „Athen an der Isar" zur nachklingenden atavistischen Einstellung à la Metternich war daher für Elisabeth sicher nicht leicht zu verkraften. „So war auch ihre Begeisterung im Mai 1861, als ihre Yacht ‚Victoria und Albert' von Madeira kommend in die kleine Bucht Benitses von Korfu einlief, nicht ein ‚Coup d'amour' für die liebliche Insel des Ionischen Meeres, sondern vielmehr ein Erwachen alter Reminiszenzen und Erzählungen aus der Kindheit in der bayerischen Heimat." (Polychronis K. Enepekides)

„Wohin, träumerische Frau,
 wandertest
Du rathlos?!?"
„Weg von der Lüge!"

PETER ALTENBERG

*Die wehmüthige Biegung des Mundes, das intensive Schauen der Augen, als ob sie in etwas Undurchdringliches sich versenken wollten, das Aufrichten des Nackens und der Stirne wie in stolzer Auflehnung gegen eine unerträgliche äußere Last, gegen die sie den Kampf allein aufnehmen müssten, und dabei das Vorneigen der Gesichtszüge wie im Bewusstsein einer ungesagten Mühsal, die Haltung des zarten königlichen Körpers, zuwartend, wie im Begriffe zusammenzuknicken und doch voll innerer Schwungkraft den Angriffen des Schicksals gewärtig, der Klang der Stimme, die Melodien der Worte wie ein wahrnehmbar werdendes Aufblühen heimlicher Harmonien – das alles enthüllte mir eine ganze innere Welt organisirter Traurigkeiten, die für sich da war und die ebenso lieblich und unermesslich und geheimnisvoll war wie jene äußere, die unsere Augen mit Fragen bestürmt.*

KONSTANTIN CHRISTOMANOS,
Tagebuchblätter

# STATION STOCKERAU, STATION KAIRO...

*Der schöne Neustädter Wald steht an der Schwelle seines Grabes. Sein Grab ist das Grab aller grünen Wälder, die graue ewige Eisenbahn, und die Schwelle seines Grabes ist die Eisenbahnschwelle. Wir werden um die Erde ein Netz weben von Eisenbahnen, wie eine Spinne Fäden webt, und die Natur wird sich darin fangen wie eine Fliege. Wohin werden wir dann reisen, wenn wir überall hinreisen können? Es wird nicht mehr der Mühe wert sein, den Ort zu wechseln, sobald einer sein wird wie der andere, Station Stockerau, Station Kairo, fünf Minuten Aufenthalt...*

ALEXANDER VON VILLERS,
Brief an Baron Warsberg,
18. Mai 1870

*...und so kam es, daß unsere so poetisch begonnene Seereise in Form einer alltäglichen Eisenbahnfahrt von Pola nach Marseille endete, die mit dem Expreßzuge fast drei Tage währte. Die Kaiserin liebte Eisenbahnfahrten überhaupt nicht, weil sie der Bewegung und der reinen frischen Luft entbehren mußte. Sie schritt im Gange des Schlafwagens auf und nieder und blickte, unbekümmert um die Reisenden, durch die Fenster auf die vorüberziehenden, abwechslungsreichen Bilder. Oberitalien mit Venedig und dem alten Campanile, Romeos und Julias Geburtsstadt, der herrliche Gardasee mit dem Hintergrunde der Alpen, dann Mailand mit seinen schlanken Türmen erschienen und entschwanden im Nebelschleier des Herbsttages...*

IRMA GRÄFIN SZTÁRAY,
Aus den letzten Jahren
der Kaiserin Elisabeth

Mit der Fertigstellung der Haupteisenbahnlinien quer durch Europa setzte auch in Wien das Reisefieber auf breiterer Basis ein, so als wollte man mit einem Mal nachholen, was den Menschen bisher vorenthalten blieb. Vor allem der Adel und das reiche Bürgertum frönten dem Bedürfnis nach Tapetenwechsel, alle jene eben, die mit entsprechenden finanziellen Mitteln gesegnet waren. Es war vor allem der Süden, der die „Kinder des Nordens" unbändig anzog: die französische Riviera, Rom und Sizilien, Ragusa und Korfu, aber auch Konstantinopel, Smyrna und vor allem Kairo und Alexandrien. Die Engländer hatten hier für komfortable Hotels bereits vorgesorgt – und weiter wollte man ohnehin nicht. Luxus und Komfort durften auf den Reisen nicht fehlen. Aus diesem Grunde schien es den meisten Reisenden notwendig, die Hälfte des Personals mitzunehmen, das in der dritten Zugklasse und in winzigen Hotelkammern auf die Befehle der Herrschaft warten mußte. Man fuhr mit riesigen wappengezierten Koffern, denn inkognito reiste nur die allererste Gesellschaft. Trotz der „Zimmer-Küche-Kabinett-Ausrüstung" verlief das Reisen ohne mühsames Gepäckschleppen, man saß in gutgepolsterten Fauteuils, dinierte in Ringstraßensalons ähnlichen Speisewaggons und erholte sich von den Strapazen des Essens bei einer Tasse Kaffee im Rauchsalon. Nach Bedarf wurden derangierte Frisuren mit eigens dafür konstruierten Reisebrennscheren zurechtgerichtet.

Sehr zufrieden mit dem aufkommenden Tourismus waren auch die Schneider; es entwickelte sich eine eigene Reisemode, die sich von Jahr zu Jahr änderte. Die Bahntechniker waren bemüht, die Reisenden auch außerhalb der Waggons zufriedenzustellen, indem sie große Sorgfalt bei der Planung der neuen Bahnhofsgebäude walten ließen. Bei der Errichtung der Bahnlinien wurde versucht, Landschaftsveränderungen auf das geringste Maß zu reduzieren, Bepflanzungen sowie Damm- und Brückenverkleidungen nach genauen Anweisungen auszuführen. Von Wien angefangen bis in die entferntesten Provinzen glichen die Bahnstationen mehr oder weniger, je nach Bedeutung der Station, den Palästen der Ringstraße oder den Sommervillen im Schweizerstil mit ihren filigranen Laubsägedekorationen und den zierlichen Dachbekrönungen. Die meisten großen historischen Bahnhofsgebäude sind leider nicht mehr im Original erhalten. Das ist insofern schade, als es sich durchwegs um kunsthistorisch bedeutsame Bauwerke handelte, die hervorragende Beispiele historistischer Palastarchitektur waren und die entsprechende Ingredienzien wie Fassadendekor oder Attikaplastiken aufwiesen. Im Inneren gab es die großen Wartesalons und Speisesäle. Das „Fest des Reisens" sollte auch optisch zum Ausdruck kommen und die einzelnen großzügig gestalteten Bauwerke eine Visitenkarte des jeweiligen Ortes darstellen.

Zu Zeiten Elisabeths wurde von der „großen Gesellschaft" das Jahr in „Saisonen" eingeteilt. Die weiten Reisen in den Süden wurden im Jänner und Februar unternommen, im März und April begab man sich an die Riviera, nach Dalmatien und Korfu. Der Sommer wurde auf den diversen Landsitzen und, bis in den Frühherbst hinein, in den klassischen Kurorten wie Karlsbad, Bad Ischl, Meran und Badgastein verbracht, während der Herbst die Hauptsaison für die Jagd war. Zur Vervollständigung der Bahnlinien aus wirtschaftlichen, sozialen und touristischen, aber auch militärischen Gründen, wurde sehr viel und ungeheuer rasant gebaut, so daß es seinerzeit schon vereinzelte Bedenken wegen der Umweltzerstörung gab, etwa vom „Aussteiger" und bedeutenden Briefliteraten Alexander von Villers. Die wachsende Reiselust bewirkt eine Blütezeit der Reiseliteratur, sie bildet überhaupt einen wesentlichen Bestandteil der Literatur in der zweiten Hälfte des 19. Jahrhunderts. Vom Kaiserhaus abwärts wurden Reiseeindrücke festgehalten, publiziert und von vielen gelesen. Selbst der Paradewiener Daniel Spitzer unternahm hin und wieder gerne eine größere Reise, über die er dann in seinen ungemein populären „Reisebriefen" berichtete. Einmal schrieb er auch über den Beweggrund dieser Reisen; er könnte von Kaiserin Elisabeth stammen: „Ich war mit der Welt, Gott und mir zerfallen, ich sehnte mich fort von Wien, nach Luftveränderung und Abenteuern, und war daher entschlossen, nach Spanien zu gehen..."

Neben dem Bahnverkehr wurde auch parallel dazu die Passagierschiffahrt erheblich ausgebaut. Führend auf diesem Gebiet war die Dampfschiffahrts-Gesellschaft „Österreichischer Lloyd" mit ihrem Hauptsitz Triest. Obwohl erst 1833 nach dem Modell des Londoner Lloyd von verschiedenen Triestiner Versicherungsgesellschaften gegründet, errang das Unternehmen ziemlich schnell die Vorherrschaft im Schiffsverkehr mit der Levante bzw. mit Griechenland und Kleinasien. Im Jahre 1854 standen so bereits 60 Dampfschiffe im Dienste des Lloyd. Die Mehrzahl der Reisenden bevorzugte die Schiffe des Lloyd: sie waren bequem, das Leben an Bord angenehm, das Personal freundlich und die Küche exzellent, der Fahrplan mehr als beachtlich. 1856 besuchten Franz Joseph und Elisabeth das Arsenal des Lloyd in Triest. Im Prunksaal des Triestiner Lloydpalastes, ein Werk des Wiener Architekten Heinrich von Ferstel, hängt nach wie vor das monumentale Gemälde „Elisabeth von Österreich" von Hans Temple. Auch ein Schiff wurde nach der Kaiserin benannt; sie war immerhin ein ganz wichtiger Werbeträger für die Reisebranche.

Im Jahr 1985 wurde auf dem Wiener Westbahnhof in einem feierlichen Akt eine Porträtstatue der Kaiserin Elisabeth enthüllt. Diese Statue wurde im Jahr 1860 von Hans Gasser, einem der wichtigsten Bildhauer der Ringstraßenära, für den eben fertiggestellten Bahnhof der Kaiserin-Elisabeth-Westbahn geschaffen. Das Kunstwerk wurde 1945 beschädigt und im Zuge des Abbruchs des Gebäudes von dort entfernt. In den nächsten Jahrzehnten galt die Statue, wie ein Großteil des Figurenschmuckes des Westbahnhofes, als verschollen. Bei den Recherchen für eine Ausstellung über die Geschichte der Westbahn wurde von einem Mitarbeiter des Technischen Museums auf die Möglichkeit hingewiesen, daß sich die Gasser-Plastik vielleicht im Bundesmobiliendepot befände. In der Tat, sie war dort. In einer Holzkiste verpackt, verstaubt und zertrümmert. Nach ihrer Restaurierung für die Ausstellung „Das Zeitalter Kaiser Franz Josephs – Von der Revolution zur Gründerzeit" im Schloß Grafenegg in Niederösterreich wurde sie nach anfänglichen „republikanischen Bedenken" in der unteren Halle des Westbahnhofes aufgestellt.

Der Bahnhof als Ausstellungsort einer Elisabeth-Plastik hat einen bemerkenswerten Symbolcharakter. Der Kaiserin wurde ja nicht nur die Ehre zuteil, daß einen ganze Bahnlinie nach ihr benannt wurde, sie frequentierte diese auch in außergewöhnlichem Maße, und zwar im eigenen komfortablen Hofsalonwagen, der heute im Wiener Techni-

---

*Um drei Uhr nachmittags brachte man ihr ihre Milch von einer Ziege aus Malteserrasse, die aus Wien mitgeführt wurde.*
*– Sie macht die Reise ohne jede Begeisterung für das Schöne, sagte sie, als wir die Ziege in ihrem Stalle besuchten. Aber sie hat Pflichtgefühl, denn sie ist eine Engländerin. Das ist mehr wert wie alle Ästhetik. Ich habe sie deswegen mitgenommen. Es gibt keine besseren Nurses als die Engländerinnen...*

KONSTANTIN CHRISTOMANOS,
Tagebuchblätter

*Afrika empfing uns nicht mit sonderlicher Gastfreundschaft. Das Ufer verbarg sich im Nebel, das nahe Gebirge in den Wolken, bloß der vom Bergeshange her weißleuchtende arabische Stadtteil Algiers bietet dem Auge einen Ruhepunkt. Unsere Wohnung war in dem auf Mustapha supérieur gelegenen Hotel Splendide bestellt, wohin wir uns jetzt zu Wagen, auf einer schön geführten, aber stellenweise etwas steilen Serpentine begaben. Gelegentlich dieser etwa halbstündigen Wagenfahrt gewahrte ich mit Überraschung, daß unsere Kaiserin, die bekannt kühne Reiterin, im Wagen sitzend, nervöse Ängstlichkeit verriet. Es gab einen Augenblick, da hing es nur an einem Haare, daß sie nicht aus dem Wagen sprang, aus quälender Angst, die Pferde könnten den Dienst versagen und der Wagen die abschüssige Bahn zurückrollen.*

IRMA GRÄFIN SZTÁRAY,
Aus den letzten Jahren
der Kaiserin Elisabeth

schen Museum aufgestellt ist. Der in den Jahren 1873/74 hergestellte Salonzug der Kaiserin bestand aus einem Salonwagen und einem Schlafwagen, die mit Faltbälgen verbunden waren. Die Beheizung erfolgte mittels Heißwasser, elektrisches Licht wurde 1895 installiert. Für die südlichen Staatsbahnen wurde bereits 1859 ein Hofsalonwagen angefertigt. Trotz allen Komforts fuhr Elisabeth nur höchst ungern mit der Bahn, sie zog den engen Räumlichkeiten ihres Waggons die Freiheit der Schiffsdecks vor.

# DIE FLUCHT VOR DEM WINTER

*Die Kaiserin Elisabeth suchte immer, aus dem Leben auszubrechen, sich weder von Dingen noch von Menschen in Besitz nehmen zu lassen. Es ist bekannt, daß sie einen Fächer, einen Schirm ständig geöffnet vor dem eigenen Gesicht hielt, um sich den Blicken der anderen zu entziehen. Diese schienen sie wirklich zu quälen. Sie beraubten sie sozusagen ihrer selbst.*

MAURICE BARRÈS,
Eine Kaiserin der Einsamkeit

KUCKUCKS LIED.
(Gründonnerstag.)

*Grüss Gott, Kuckuck, aus voller Brust!*
*Gleich dir zieht mich die Frühlingslust*
*Hinaus in grüne Wälder!*
*Auch ich bin heimatlos wie du,*
*Auch ich such' nur die tiefste Ruh',*
*Und du bist mir ihr Melder!*

ELISABETH,
Winterlieder

Die ersten Reisen der frisch vermählten Kaiserin hatten reinen Repräsentationscharakter. Das junge Herrscherpaar begab sich im Juni 1854 in die Kronländer Böhmen und Mähren. Für die Fahrt wurde die Nordbahn benützt. Das Kaiserpaar und sein großes Gefolge besuchten zunächst die mährische Hauptstadt Brünn, zwei Tage später erfolgte die triumphale Ankunft in Prag. Zum ersten Mal fungierte Elisabeth in jener Rolle der Landesmutter, der sie sich später zunehmend verweigern sollte. Für die Sechzehnjährige muß das immens dicht gedrängte Programm eine unendliche Tortur gewesen sein. Es galt Waisenhäuser, Spitäler und Schulen zu besuchen, Huldigungen sonder Zahl entgegen zu nehmen, an großen Feierlichkeiten und Festen teilzunehmen, und als die junge Monarchin durch die Schilderung des Elends und der Not im böhmischen Erzgebirge zu Tränen gerührt wurde, kam die „Wiener Zeitung" zu dem Schluß: „Welch erschütternden Eindruck dieser neue Beweis von Engelsmilde unserer allergnädigsten Kaiserin auf die Anwesenden ausübte, läßt sich nicht wiedergeben, es war ein feierlicher Augenblick." Zumindest für den zeitgenössischen Beobachter meistert sie ihre Aufgabe vorbildlich, denn über die Teilnahme der Kaiserin an den Prager Militärparaden wurde vermerkt: „Auch Ihre Majestät die Kaiserin verfolgten das schöne kriegerische Schauspiel mit unverkennbarem Interesse und harrten, ungeachtet wiederholten Regenschauers, im offenen Wagen bis zum Schlusse aus." Kaiserin Elisabeth hatte ihre erste Repräsentationspflicht außerhalb Wiens somit mit Auszeichnung bestanden.

Zwei Jahre später erfolgte die höchst brisante und auch gefahrvolle Reise nach Italien. Zuerst ging es per Bahn bis Laibach, dort wurden die 37 mitgeführten Kutschen entladen und mit ihnen die Reise fortgesetzt. Der lange Aufenthalt in Italien bestand jedoch aus einer Kette von Mißfallenskundgebungen und Affronts der Bevölkerung gegenüber dem Kaiserpaar. Die bewußte Machtdemonstration Österreichs konnte nur allzuleicht als Provokation aufgefaßt werden. Daß diese heikle Mission nicht zum katastrophalen Fiasko entglitt, ist zu einem Gutteil dem Charme und der jugendlichen Ausstrahlung Elisabeths, die ihre kleine Tochter Sophie mitgenommen hatte, zu verdanken. Diesen Umstand haben sowohl Kaiser Franz Joseph als auch ausländische Augenzeugen dieser Reise vermerkt. Franz Joseph schrieb daher auch an

Erzherzogin Sophie: „Die Bevölkerung war sehr anständig, ohne besonderen Enthusiasmus zu zeigen. Seitdem hat sich die gute Stimmung aus verschiedenen Ursachen sehr gehoben, besonders durch den guten Eindruck, den Sisi gemacht hat." In Wien war man voll des Lobes für die junge Kaiserin und erzählte man sich Franz Josephs angeblichen Ausspruch, daß Sisis Schönheit Italien eher erobern könnte, als es Kanonen und Soldaten vermochten.

Eine nicht weniger heikle Mission erfolgte nur wenige Wochen nach der italienischen Reise: die Fahrt nach Ungarn. Die Beziehungen zwischen Wien und Budapest waren zu diesem Zeitpunkt noch äußerst fragil. Die „Ungarnfeindlichkeit" des Kaiserhauses war kein Geheimnis, ebensowenig wie die totale Ablehnung der Ungarn gegen die „gleichschaltende", zentralistische Politik Wiens unter dem Innenminister Bach. Die junge Kaiserin war ein Hoffnungsschimmer für die Ungarn, und diese Hoffnung sollte sich für Ungarn und dessen stolze Aristokratie tatsächlich erfüllen. Für Elisabeth war der erste Aufenthalt in Ungarn von schicksalshafter Bedeutung, und zwar in mehrfacher Hinsicht: Zum einen war es der Auftakt einer lebenslangen gegenseitigen Zuneigung, zum anderen bildete der erste Kontakt mit den Ungarn den Grundstein ihrer künftigen politischen Haltung, und er leitete durch den plötzlichen Tod der kleinen Sophie (29. Mai 1857), die Elisabeth gegen den Willen ihrer Schwiegermutter Sophie mit auf die Reise genommen hatte, eine schwere und langwährende persönliche Krise ein. Erstmals zeigt sich die ungewöhnliche Intensität, mit der sich Sisi ihrer Trauer hingibt. Beinahe völlig in sich selbst zurückgezogen, lehnt sie in diesen extensiven Trauerphasen, die im Alter zur Alltäglichkeit werden sollten, jeden Kontakt ab.

Mit einer einzigen Ausnahme – 1858 begleitete sie ihre Schwester Marie auf ihrem Weg zu ihrem künftigen Gemahl, dem Kronprinzen von Neapel, bis Triest – unternahm die Kaiserin in den nächsten drei Jahren keine nennenswerten Reisen; die Umstände waren auch nicht günstig: Es gab die schwere Geburt des Kronprinzen (21. August 1858) und schließlich die lange schmerzhafte Abwesenheit des Kaisers am oberitalienischen Kriegsschauplatz im Jahre 1859. Elisabeths Verhalten hatte sich inzwischen verändert; sie wurde selbstsicherer, kämpferischer und unberechenbarer. Phasen der Melancholie folgte ungestüme Lebenslust; nachdem ihre sehr ernst gemeinten Friedensbemühungen nur feindselige Intrigen auslösten, wandte sie sich in exzessiver Weise dem Pferdesport zu. Die ewigen Zwistigkeiten mit der Schwiegermutter Sophie, die knapp hintereinander erfolgten Schwangerschaften, die lange Abwesenheit des Gemahls, die zu einer schweren Ehekrise führte, auch der beginnende Raubbau an ihrem Körper bedingten jetzt einen seelischen und körperlichen Zusammenbruch. Im Juli 1860 verließ sie fluchtartig Wien und fuhr mit der damals noch nicht offiziell eröffneten „Kaiserin-Elisabeth-Westbahn" nach München und dann weiter bis Possenhofen.

Elisabeths physische und psychische Verfassung hatte im Sommer 1860 einen Tiefpunkt erreicht (obwohl die Ärzte nur eine harmlose Halsentzündung festgestellt hatten!). Sie wollte jetzt nur eines: weit weg von Wien! Der Kaiser gab trotz des zu erwartenden Aufsehens die Zustimmung und empfahl einen Kuraufenthalt in Abbazia, Arco oder Meran. Die Kaiserin aber entsann sich der lebhaften Schilderungen ihres Lieblingsschwagers Max von der ewig frühlingshaften Insel Madeira – und genau dort wollte sie hin, trotz dringenden Abratens der Ärzte, die auf eine Malariagefahr hinwiesen und auf die ungesunde Luftfeuchtigkeit (das Schicksal wollte es, daß der letzte österreichische Kaiser auf der Insel an einer Lungenentzündung starb). Elisabeth setzte jedoch

*Die arme Kaiserin... tut mir schrecklich leid, denn... ich finde sie sehr, sehr leidend. Ihr Husten jetzt soll in gar keinem Verhältnis besser sein als vor ihrer Reise hieher, sie hustet auch im allgemeinen wenig... Moralisch ist aber die Kaiserin schrecklich gedrückt, beinahe melancholisch, wie es in ihrer Lage wohl nicht anders möglich ist – sie sperrt sich oft beinahe den ganzen Tag in ihrem Zimmer ein und weint. Unbegreiflicherweise hat sie noch keinen Brief von der Königin von Neapel... Sie ißt schrecklich wenig, so daß auch wir darunter leiden müssen... In ihrer Melancholie geht sie nie aus, sondern sitzt bloß am offenen Fenster, mit Ausnahme eines Spazierrittes im Schritt von höchstens einer Stunde...*

GRAF LOUIS RECHBERG,
Brief an Pauline Rechberg,
12. Februar 1861

*Die Kaiserin... Sie ist uns lange schon entschwebt, war uns eine Gestalt, die irgendwo ihr Dasein hoch über dem Dasein anderer Menschen ins Weite trug. Nur manchmal drang eine Kunde von ihr bis zu uns herüber, nur manchmal kam ein Klang aus ihrer Welt zu uns herangeweht. Und wunderbar, wie feines Ahnen in den Instinkten der Menge liegt, daß man aus so fernen Fernen die Kaiserin verstand, daß man ihr Suchen nach Schönheit und Ruhe begriff, daß man banalere Vorstellungen vom Walten einer Kaiserin still beiseite legte und mit ahnungsvoller Ehrfurcht eine Menschlichkeit bewunderte, die über den höchsten irdischen Rang hinaus höheren Graden noch sehnsüchtig entgegenstrebte. Die Kaiserin. Auch dieses Wort ist durch Elisabeth zarter, märchenhafter, unwirklicher, gleichsam dichterischer geworden.*

FELIX SALTEN,
Elisabeth

*Vom Garten der Quinta Vigia, von der Blütenfülle unter wiegenden Palmen, schweift noch heute ein wahrhaft kaiserlicher Blick in die Runde. Weit unten in der Niederung des bunten Hafens, im Osten, schart sich das Gewirr der engen Altstadtgassen von Funchal rund um die zyklopenhaft wirkende Kathedrale Sé. Hinter der weitausladenden, von der Festung des heiligen Laurenz bewachten Bucht stürzen die hohen Felswände der Punta do Garajau schroff und senkrecht ins azurblaue Meer. Gegen Norden wieder, wo das Fort Pico die Sicht auf die zentrale Bergkette dichtbewaldeter Zweitausender dominiert, erinnert gleich in der Nachbarschaft der Quinta Vigia ein Hospiz an die brasilianische Prinzessin Amelia, die einst mit Maximilian verlobt war und so fast Elisabeths Schwägerin geworden wäre. Das schottische Hochland kennt einen Queen's View: Die Quinta Vigia ist Madeiras Empress Point.*

GERHARD SAILER,
Reisebericht aus dem Jahre 1988

ihren Willen durch, die Vorbereitungen wurden hastig betrieben, um noch Mitte November die „Flucht nach Madeira" antreten zu können. Franz Joseph begleitete seine Gemahlin über München nach Bamberg, dann reiste sie allein mit ihrem Gefolge über Mainz nach Antwerpen. Da keine Zeit mehr war, ein österreichisches Schiff einzuteilen, wurde Queen Victoria gebeten, die königlich-britische Yacht „Victoria und Albert" und zusätzlich für die Dienerschaft die Yacht „Osborne" der österreichischen Monarchin zur Verfügung zu stellen. Bei der stürmischen Überfahrt von Antwerpen nach Madeira zeigte sich erstmals Elisabeths Gabe, selbst außergewöhnlich bewegte Seereisen ohne geringste Beschwerden zu überstehen, sogar in dem angeblich „todkranken" Zustand, in dem sie sich zu befinden glaubte. Die Nachricht über eine schwere Erkrankung der Kaiserin machte schnell die Runde. Das Empfangskomitee und die Bevölkerung von Funchal waren deshalb überrascht, eine gesund und frisch aussehende Frau begrüßen zu können. Elisabeth war mit großem Gefolge gekommen. Neben den „Ehrenkavalieren" Rudolf Liechtenstein, Imre Hunyady und Laszlo Szápary wurde sie von den Hofdamen Mathilde Windischgrätz, Lily Hunyady und Helene von Thurn und Taxis begleitet.

Elisabeth schlug die Einladung eines Grafen Carvahal ab, in seinem Haus zu wohnen, und mietete eine kleine Villa, die Quinta Vigia, umgeben von einem wunderschönen Garten. Der Aufenthalt brachte aber nicht die erwünschte Wirkung. Das angenehme Klima zeitigte zwar ein physische Besserung, seelisch aber verfiel sie in einen beinahe melancholischen Zustand. Die Beschäftigung mit der reichen Vegetation der Insel, mit Blumen und Tieren, konnte eine nur vorübergehende Ablenkung schaffen. Auch die Begleitung beklagte das unproduktive Nichtstun und war gereizt und gelangweilt. Die Kaiserin hielt es bald auf ein- und demselben Platz nicht mehr aus: „... Wenn ich gewußt hätte, wie es hier ist, hätte ich mir für so lange Zeit schon lieber einen anderen Ort gewählt, denn wenn auch die Luft nichts zu wünschen übrig läßt, so gehört dennoch mehr dazu, um angenehm zu leben... Jedes Schiff, das ich wegfahren sehe, gibt mir die größte Lust, darauf zu sein, ob es nach Brasilien, nach Afrika oder ans Kap geht, es ist mir einerlei, nur nicht so lange auf einem Fleck sitzen." Sie bekam große Sehnsucht nach ihren Kindern – und nach ihrem Gemahl. Zudem verliebte sich der schöne Ehrenkavalier Graf Imre Hunyady in die Kaiserin und machte weder ihr noch den anderen gegenüber ein Geheimnis daraus, was prompt bedeutete, daß er nach Wien abberufen wurde. Den kleinen Nervenkitzel dieses Erlebnisses konnte Elisabeth nie vergessen. In ihrem Gedicht „Das Kabinett", das sie später verfaßte, heißt es in der dritten und vierten Strophe:

> Das erste war ein hübsches Tier
> Nur Ohren übers Mass;
> Doch über seine Schönheit schier
> Vergass ich ganz auf das.
>
> Ich hielt ihn mir im Tropenland,
> Bekränzt ihn mit Granat;
> Bananen frass er aus der Hand;
> Doch wurd' ich ihn bald satt.

*ELISABETH*, Das poetische Tagebuch

Am 28. April 1861 verließen die Kaiserin und ihr Gefolge Madeiras Hauptstadt Funchal. Die Schiffsreise erfolgte bis zur spanischen Hafenstadt Cádiz und dann ging es mit der Bahn nach Sevilla. Gegen ihren Willen bereitete ihr hier der Herzog Montpensier einen pompösen Empfang: Ganz Sevilla ist auf den Beinen, um die schöne Kaiserin, um die es in der letzten Zeit wegen ihrer Erkrankung so viel Aufregung gegeben hat, zu sehen. Sie besichtigt die zahlreichen Sehenswürdigkeiten der Stadt, flüchtet stets vor den Neugierigen und besucht schließlich, zum ersten Mal in ihrem Leben, einen Stierkampf. Die Einladungen in den Palast Sant' Elmo und in das Königsschloß Aranjuez sagt sie kurzerhand ab.

Dann ging es weiter: über Gibraltar und Mallorca nach Korfu. Am 15. Mai 1861 lief die „Victoria und Albert" in die zauberhafte Bucht von Gasturi ein, Elisabeth hatte ihre Trauminsel gefunden...

Korfu hieß für Elisabeth Liebe auf den ersten Blick. In ihrer ersten, überschwenglichen Begeisterung verlor sie jedes Heimweh und nahm sich vor, für lange zu bleiben. Doch der Kaiser drängte nun energisch auf die Rückkehr, fuhr bis Triest und ging an Bord der Yacht „Phantasie", mit der er der Kaiserin entgegenkommt. Nach einem kurzen Aufenthalt auf Schloß Miramare geht es zurück in die Heimat.

Kaum war Elisabeth in Wien angekommen, begann sich ihr Gesundheitszustand neuerlich so ernsthaft und rapide zu verschlechtern, daß die Ärzte ratlos waren, die Familie und selbst Elisabeth an ein bevorstehendes Ende glaubten. Wieder wurde eine heilende Luftveränderung ins Auge gefaßt, und für Elisabeth kam dafür nur ein Ort in Frage: die Insel Korfu. Bereits am 23. Juni wurde abgereist. Im Gefolge von 33 Personen befand sich auch ihr Schwager Erzherzog Max, der spätere Kaiser von Mexiko. Der mitreisende Arzt Dr. Skoda wurde bereits nach wenigen Tagen nicht mehr beansprucht, denn die Gesundung machte im wahrsten Sinne des Wortes sensationelle Fortschritte. Wien war in der Tat zum gesundheitsbelastenden Trauma geworden. Peinliche Kommentare machten die Runde. In Korfu stellte der Lordoberkommissär – Korfu stand damals unter englischer Herrschaft – sein Landhaus „Mon Repos" zur Verfügung. Elisabeth unternahm auf Korfu gerne lange Promenaden, schwamm ausgiebig im Meer, langweilte sich wohl auch beim Nichtstun, hungerte sich dabei halb zu Tode und dachte nicht an eine Rückreise. An ihren Schwager Erzherzog Ludwig Viktor schrieb sie: „Mein Leben ist hier noch stiller wie in Madeira. Am liebsten sitze ich am Strand, auf den großen Steinen, die Hunde legen sich ins Wasser und ich schaue mir den schönen Mondschein im Meer an..." Korfu sollte neben Possenhofen und Gödöllö ihr lebenslanger Lieblingsort werden.

Die engere Gefolgschaft teilte aber nicht immer die Vorlieben ihrer Herrin. Die Ansprüche und Strapazen solcher kaiserlichen Reisen – vor allem in späterer Zeit – waren meist so groß, daß sie nur in bester Kondition und ergebenster Loyalität bewältigt werden konnten. Aus vielen Briefen ihrer mitreisenden Hofdamen, die über stundenlange Märsche bei jedem Wetter und über wilde Seestürme berichten, wird so manche Verzweiflung offenkundig. Nach der langen Abwesenheit von Wien schrieb die Gräfin Helene von Thurn und Taxis ihrer früheren Kollegin Gräfin Karoline Wimpffen-Lamberg: „Ich kann Dir nur Glück wünschen, daß Du diese zwei martervollen Jahre nicht mehr mit uns mitzumachen hattest..." Gräfin Festetics jammerte nach einem Ausflug auf der Insel Ithaka: „Bis wir nach drei Stunden hinaufkamen, war es ganz trüb geworden, und dann goß es, was es nur konnte, der Weg war glatt und schwer, wir besichtigten daher nur den Platz, von wo sie (Sappho) hinuntersprang. Beim Aufstieg sahen wir nichts, da wir so rannten, als wenn wir in Gödöllö wären und mußten auf den Weg achten, um Hände und Beine nicht zu brechen." Im August 1890 schrieb

*Der große Wunsch dem größern weicht*
*Nie zieht ins Herz Genügen ein.*
*Und wenn du je dein Glück erreicht*
*So hört es auf, dein Glück zu sein.*

ELISABETH

*In Ischl hatten wir die seltene Gelegenheit, die Kaiserin zu sehen, die jeden Sommer einige Wochen dort weilte....*
*An klaren Tagen unternahm ich weite Fußtouren mit der Kaiserin, die von früh bis abends dauerten und höchst beschwerlich und ermüdend waren. Die Kaiserin war eine hervorragende Fußgängerin; nur wenige konnten mit ihr Schritt halten. Niemals nahm sie unterwegs eine Mahlzeit, höchstens trank sie einmal etwas Milch oder den Saft einer Orange. Sie rastete nie. Es war überhaupt die Gewohnheit der Kaiserin, sich so selten wie möglich niederzusetzen. In ihren Gemächern befanden sich kaum Sessel; sie brauchte sie nicht, sie ging unablässig auf und ab. Ihre Hofdamen waren oft vor Erschöpfung dem Zusammenbrechen nahe.*

PRINZESSIN STEPHANIE VON BELGIEN,
Ich sollte Kaiserin werden

*Und immer wieder fuhr Elisabeth nach München, an die Stätten ihrer Kindheit. Gräfin Sztáray berichtet: „Langsam dahinschreitend, gingen wir durch die Stadt; wir wollten nichts Neues, nichts Überraschendes sehen; dieser Besuch galt ganz der Vergangenheit, den Erinnerungen. Wir blieben bald vor einem altertümlichen Palaste, bald vor einem alten Gebäude stehen, bei einer Baumgruppe, deren Äste sich seither ausgebreitet hatten, bei einem Blumenbeete, das schon damals geblüht. Die Kaiserin... wußte von jedem etwas zu erzählen, etwas Liebes aus alten, guten Zeiten." Niemals verließ sie München, ohne vorher noch das Hofbräuhaus besucht zu haben, inkognito selbstverständlich und sich „fein bürgerlich" benehmend, wie sie sagte. Jedesmals ließ sie sich und ihrer Hofdame ein Krügel Bier vorsetzen (mit je einem Liter Inhalt).*

EGON C. C. CORTI,
Elisabeth

dieselbe Gräfin an Ida von Ferenczy: „Über die Fahrt kann ich nur sagen, es war entsetzlich, ein Wunder, daß wir das Ufer erreichten. Niemand kann sich vorstellen, wie es war... Was ich in den ersten achtzehn Stunden gelitten habe, ist unbeschreiblich... Der Gedanke wieder auf das Schiff zurückzukehren, ist entsetzlich. Ich bete, daß ich die Kraft nicht verliere..." Auch die mitreisenden Griechischlehrer und sogar der „ästhetische Reisemarschall" Alexander von Warsberg fühlten sich oft als „halbkrepierte Passagiere", die das Mitgefühl des Kaisers erweckten. Einmal notierte Warsberg nach einer äußerst kräfteraubenden Reise mit der Kaiserin: „Die Übermüdung übertrifft alles, was ich auf meinen gewiß nicht mühelosen Orientreisen erfahren." Für stundenlange Märsche in den späteren Jahren wurde ein speziell konditionsstarkes Begleitpersonal ausgesucht.

Zu den häufigsten Reisebegleitern der Kaiserin zählten die Hofdame Lily Hunyady, die Gräfinnen Marie Festetics und Irma Sztáray, die „Vorleserin" Ida von Ferenczy sowie die Friseuse Fanny Angerer, verehelichte Feifalik, und Oberhofmeister Baron Franz Nopcsa („Nopcsa-Bácsi"), der Prinz Rudolf Liechtenstein und Baron Alexander von Warsberg.

Erst nach oftmaligem Drängen des Kaisers zur Rückkehr verließ Elisabeth die Insel Korfu. Sie wollte aber nicht nach Wien, sondern blieb bis zum Mai 1862 in Venedig, von ihrem Gemahl und den Kindern mehrmals besucht. Nach einem kurzen Aufenthalt in Reichenau an der Rax ging die Fahrt weiter zur Kur nach Bad Kissingen. Ihre Ankunft in Wien am 14. August wurde zum großen Fest und beeindruckenden Sympathiekundgebung der Bevölkerung für ihre Kaiserin. In den nächsten beiden Jahren gab es nur wenige Reisen: zur Kur nach Bad Kissingen, nach Bad Ischl und Reichenau und zur Hochzeit ihres Lieblingsbruders Karl Theodor nach Dresden.

Von 1867 bis 1869 erfolgten dann nur einige kürzere Reisen nach München, Possenhofen, Zürich und nach Schaffhausen, um den Rheinfall zu sehen.

# AM LIEBSTEN GINGE ICH EIN WENIG NACH AMERIKA...

Anfang August 1866 unternimmt Elisabeth – die Monarchie steht zu diesem Zeitpunkt ganz unter dem Schock der vernichtenden Niederlage von Königgrätz – des öfteren Ausritte in die Umgebung von Pest und kommt dabei auch in die Nähe des Schlosses Gödöllö, des ehemaligen Stammsitzes der Fürsten Grassalkovic. Voll Bewunderung für die Umgebung dieses Baues, die ideal für Ausritte und Jagden geeignet ist, schreibt sie Franz Joseph von ihrem Wunsch, den Besitz im Hinblick auf einen zukünftigen Sommersitz der Familie zu erwerben. Der Kaiser verhält sich zunächst ablehnend, „denn ich habe jetzt kein Geld, und wir müssen in diesen harten Zeiten ungeheuer sparen." (Brief an Elisabeth vom 9. August 1886)

Doch da springt Graf Gyula Andrássy, Elisabeths ungarischer Vertrauter und Freund, in die Bresche: Als er durch Ida von Ferenczy vom

Wunsch Elisabeths hört, regt er an, anläßlich des 1867 glücklich zustandegekommenen Ausgleichs mit Ungarn Schloß und Besitz Gödöllö dem Kaiserpaar als Geschenk des ungarischen Volkes anzubieten. Elisabeth akzeptiert begeistert und „mit riesiger Freude", hat sie nun damit endlich so etwas wie ein eigenes Haus, ein eigenes Stück Land, wildromantische Pußta, Wälder und Moorland, insgesamt etwa dreißigtausend Morgen. Und hier versammelt sie nun regelmäßig die besten Reiter der Monarchie um sich, junge Aristokraten und Pferdeliebhaber, die mit ihr auf tollkühnen Jagden um die Wette eifern, allen voran Graf Nikolaus Esterházy, der „Sport-Niki", dessen Güter unmittelbar an Gödöllö angrenzten. Und besonderes Aufsehen erregte auch die häufige Anwesenheit des jungen Grafen Elemér Batthyány, dessen Vater als ungarischer Ministerpräsident 1849 hingerichtet worden war.

Die Baronin Marie Wallersee, die Nichte Elisabeths, berichtet über jene Tage in Gödöllö: „Dreimal in der Woche war Jagd. Ach, es war herrlich! Elisabeth sah zu Pferde berückend aus. Ihr Haar lag in schweren Flechten um ihren Kopf, darüber trug sie einen Zylinder. Ihr Kleid saß wie angegossen; sie trug hohe Schnürstiefel mit winzigen Sporen und zog drei Paar Handschuhe übereinander; der unvermeidliche Fächer wurde stets in den Sattel gesteckt." Nicht selten – so erzählt die Baronin Wallersee – habe sich die Kaiserin den Spaß gemacht, als Knabe verkleidet in Hosen (!) auszureiten: „Elisabeth bildete sich ein, daß diese verrückte Laune in Gödöllö nicht allgemein bekannt war; in Wahrheit sprach jedermann darüber. Nur Franz Joseph, glaube ich, hatte keine Ahnung von dem, was aller Geheimnis war." (Marie Louise von Wallersee, Kaiserin Elisabeth und ich.)

Aus der historischen Distanz betrachtet, ist dies nun nicht weiter verwunderlich: Elisabeth ist quasi mit Pferden aufgewachsen. Ihr Vater war ein ausgesprochener „Pferdenarr", diese Ambitionen setzte die Tochter fort. Herzog Max ließ sich sogar im Hof seines Palais ein Zirkuszelt aufbauen, in dem die Münchener Gesellschaft seine Reitkunststücke verfolgen konnte. Auch dazu gibt es Parallelen zu Elisabeth. Sie hatte ihre „Zirkusmanege" auf dem Areal der Hofstallungen errichten lassen. Das kleine, etwas versteckt liegende Gebäude existiert heute noch. Auf Madeira war sie anstelle von Pferden von mehreren Ponys (und ihren geliebten Hunden und zahlreichen Vögeln) umgeben. Und ihre Zuneigung zu Ungarn wurde mit Sicherheit durch den hohen Standard der dortigen Pferdezucht bestärkt, aus den königlichen Marställen in Kisbér und Mezöhegyes kamen immer wieder neue hochgezüchtete Vollblütler, vor allem Jagdpferde, nach Gödöllö.

Dennoch war Elisabeth, die den Reitsport nun mit einer Leidenschaft sondergleichen betrieb, ihm gleichsam verfallen war, mit den Jagden auf Gödöllö nicht ganz zufrieden: Zu kurz war die Saison (September bis November), zu wenige Möglichkeiten gab es auch für das Springen. Als noch dazu Sisis Schwester Marie, die Exkönigin von Neapel, 1874 zu einer Jagd in England einlud, kannte Elisabeth kein Halten mehr. Unter dem Vorwand einer dringend nötigen Badereise für Sisis kleine Tochter Marie Valerie reist sie mit ihr Ende Juli 1874 über Straßburg und Le Havre nach der Isle of Wight, um politischen Verwicklungen vorzubeugen, benützt sie das Inkognito „Gräfin Hohenembs", das sie auch späterhin oft vor zudringlicher Neugier schützen sollte.

Nach dem unvermeidlichen Höflichkeitsbesuch bei der auf Schloß Osborne weilenden Queen Victoria widmete sich Elisabeth wieder den Pferden. Von der Isle of Wight geht es nach London, wo sie nicht nur das berühmte Wachsfigurenkabinett der Madame Tussaud besichtigte, sondern im Hydepark spazierenreitet, was denn auch beträchtliches Aufsehen erregte. Trotz zahlreicher Besuchsverpflichtungen und Einla-

*– Wissen Sie, warum ich so gerne incognito reise? Weil ich es wie die Erde und das Meer thun möchte. Die Namen, die ihnen die Menschen gegeben, gelten doch nur für diese selbst. Sie behalten trotzdem ihre Anonymität, und wo sie am freiesten und einsamsten sind, dort reichen die Menschen mit ihren Nomenclaturen nicht hin.*

ELISABETH,
in: K. Christomanos, Tagebuchblätter

*... Wenn man überhaupt nicht den inneren Frieden besitzt, so meint man, die Bewegung mache das Leben leichter, und daran ist sie jetzt nur zu sehr gewöhnt. ... Sie ritt in Reichenau und einmal hier allein mit Holmes um sieben Uhr früh. Aus dem Schritt ist natürlich bereits ein Galopp geworden, nur traben will sie noch nicht. ... Ich glaube schon, daß sie des moments de désespoir hat, doch niemand kann so lachen und hat so kindische Einfälle.*

HELENE VON THURN UND TAXIS,
Brief an Caroline Wimpffen-Lamberg
28. September 1862

*Die Jagd war am Rennplatz, ich fuhr zu Wagen, also keine Dépensen (zur Allerhöchsten Beruhigung). Es war eine sehr schöne Jagd, der Fuchs lief vor uns, die Hunde nach, Holmes, Pista und ich waren immer voraus, brauchten daher nicht so zu jagen und konnten mit Muße die sehr zahlreichen Gräben springen. Hinter uns stürzten: Elemér Batthyány, Pferd am Platze tot, Sárolta Auersperg, die über ihn fiel, geschah beiden nichts, einer unserer Reitknechte mit Klepperschimmel, nichts geschehen. Vor dem Run stürzten Béla Keglevich und Viktor Zichy, letzterer stehend. Der alte Béla Wenckheim war entzückt, er sagte, das gehört zu einer schönen Jagd…*

ELISABETH,
Brief an Kaiser Franz Joseph,
22. November 1872

dungen – so nach Melton und Belmore Castle, wo Elisabeth die beiden Brüder Baltazzi, die Onkel von Marie Vetsera, kennenlernt – ist sie unzufrieden, ihr Bewegungsdrang verlangt nach neuen Sensationen: „Am liebsten ginge ich ein wenig nach Amerika, die See tentiert mich, sooft ich sie anschaue." (Elisabeth an ihre Mutter Ludovika aus Ventnor, Isle of Wight, 15. August 1874.)

Sisis Reisefieber und auch ihr sportlicher Ehrgeiz näherten sich nach dieser ersten Englandreise einem neuen Höhepunkt: In Gödöllö, aber auch in der Wiener Freudenau, trainierte sie intensiv für neue Abenteuer. Die nächste große Reit- und Badereise führte sie 1875 in die Normandie nach Sassetôt les Mauconduits, einem kleinen Badeort mit Schloß, dessen Park hervorragende Trainingsmöglichkeiten bot. Hier passierte am 11. September 1875 ein aufsehenerregender Reitunfall, bei dem Elisabeth eine Gehirnerschütterung davontrug, sich aber keineswegs in ihrer Reiselust entmutigen ließ. Einige Tage später schreibt sie an Franz Joseph: „Es tut mir leid, daß ich Dir diesen Schreck machte. Aber auf solche Unfälle sind wir ja doch eigentlich beide immer gefaßt. (…) Ich lege meinen Stolz darein, zu zeigen, daß ich eines solchen Rumplers wegen nicht das Herz verloren habe." (Brief Elisabeths an Franz Joseph vom 22. September 1875).

Trotz leiser Kritik von seiten der Wiener Öffentlichkeit setzte die Kaiserin ihre Auslandsaufenthalte 1876 mit einer neuerlichen Englandreise fort, im März 1876 trifft sie auf dem in Towcester gelegenen Landsitz Easton Neston ein. Wiederum stürmt sie an der Spitze der gefährlichsten Reitjagden und wird ihrem Ruf als *„Königin hinter der Meute"* vollauf gerecht. Ihr pilotierender Begleiter zählte zu den besten Reitern Englands: Captain Bay Middleton, ein echter Sportsmann, dessen selbstbewußtes, rauhes Wesen Elisabeth schon nach kurzer Zeit für sich gewinnen konnte. Eine kurze Erholungsreise ging nach Korfu und Athen, dann wurde wieder in Gödöllö geritten. In der Zwischenzeit wurde sie von der Spanischen Hofreitschule in der „Hohen Schule" unterrichtet. Kurz nach Weihnachten 1877 führte die Reise abermals nach England, und zwar zu den Parforcejagden in Northamptonshire. 1879 war zum ersten Mal Irland das Ziel, das eben zu dieser Zeit von einer gewaltigen Hungerkrise geschüttelt wurde. Elisabeth hatte jedoch in Erfahrung gebracht, daß die irischen Parforcejagden noch rassiger wären als die in England. Das Schloß Summerhill in der irischen Grafschaft Meath wurde das Zentrum der reiterischen Unternehmungen, die wiederum von Captain Middleton betreut wurden und tatsächlich härtesten Reit- und Jagdsport brachten. Begleitet wurde sie in Irland zusätzlich vom Prinzen Rudolf von und zu Liechtenstein, dem Obersthofmeister des Kaisers. Bay Middleton wich jedoch während der Jagden kaum von Elisabeths Seite, er hatte ihr völliges Vertrauen, ja kaufte sogar die Pferde für sie ein. Die Gerüchte über das seltsame Verhältnis der beiden zueinander kamen denn auch nicht zum Verstummen.

Wegen einer furchtbaren Überschwemmungskatastrophe in Ungarn mußte jedoch der Aufenthalt abgebrochen werden. Außerdem wurden die kritischen Stimmen über die Pferdesportreisen der Kaiserin immer lauter, sogar in England selbst. Es war einerseits die Angst um die Gesundheit der Monarchin, andererseits waren es vehemente sozialkritische Vorbehalte über die Unsummen, die Elisabeth in England verbrauchte, so benötigte sie für den letzten England-Aufenthalt 106.516 Gulden und 93 Kreuzer. Die alljährlichen Parforcejagden und Steeplechaserennen in England und Irland wurden dennoch bis 1882 durchgeführt. Zum manisch betriebenen Pferdesport gesellten sich nun auch immer häufiger äußerst strapaziöse stundenlange Spaziermärsche.

Statt der vermeintlichen körperlichen Ertüchtigung stellten sich schwere gesundheitliche Schäden ein. Um diese zu beheben oder wenigstens zu lindern, wurden von nun an die Kuraufenthalte favorisiert. Zu den beliebtesten Kurorten der Kaiserin zählten Baden-Baden, Zandvoort, Heidelberg, Bad Kissingen, Karlsbad, Bad Gastein, das Herkulesbad (Mehadia), Biarritz und Territet.

Captain Bay Middleton, der Elisabeth zweifellos zu neuem Selbstbewußtsein, zu zwar gefährlichen, aber doch berauschenden Abenteuern geführt hatte, sah die Kaiserin 1888 bei einem Besuch in Gödöllö zum letzten Mal. 1892 verunglückte er bei einem Hindernisrennen in Irland tödlich...

# ZU DEN LICHTEN KÜSTEN DES LEBENS

Seit den achtziger Jahren beschäftigte sich Elisabeth intensiv mit der Welt der Hellenen. Sie folgte damit sowohl der Wittelsbacher Tradition als auch einem allgemeinen zeitgenössischen Trend. Die aufsehenerregenden archäologischen Funde Heinrich Schliemanns, die vielen Orientexpeditionen, die Bücher von Hammer-Purgstall, Warsberg und vielen anderen, das Kanalprojekt von Suez, kurz, die verschiedensten Gründe rückten Griechenland und den Orient in den Mittelpunkt des öffentlichen Interesses. Es kam zu einer regelrechten Orientmode. Die Damen kleideten sich „alla turca", die Salons wurden orientalisch eingerichtet, in den privaten und öffentlichen Sammlungen häuften sich die Schätze aus dem Orient. Nach französischem und englischem Vorbild wurden mit großem Einfühlungsvermögen orientalische Motive in der Malerei und im Kunstgewerbe verwendet. Die „Mythologie des Orients" entsprach dem Zeitgeist der „klassischen", weltoffenen Ringstraßenära. Für die Hautevolee war daher eine Reise in den Orient unerläßlich, wobei der Orient bei den meisten in Dalmatien begann und in Korfu endete.

Elisabeth, die inzwischen den Pferdesport gänzlich aufgegeben hatte, bereitete sich auf eine mögliche Orientreise mit der ihr eigenen Akribie vor. Sie begann Alt- und Neugriechisch zu studieren, las Homer und Lord Byron und vertiefte sich in die griechische Mythologie. Gerade in der griechischen Götterwelt fand sie sich wieder: ihren Narzißmus, ihren Schönheitssinn, ihren sportlichen Ehrgeiz und ihre eiserne Disziplin. Ihr Lieblingsheld und Vorbild wurde eindeutig der schöne und tapfere Achill: „Ich liebe ihn, weil er für mich die griechische Seele personifiziert und die Schönheit der Landschaft und der Menschen. Ich liebe ihn auch, weil er so schnellfüßig war. Er war stark und trotzig und hat alle Könige und Traditionen verachtet und die Menschenmassen für nichts gehalten und nur seinen Träumen gelebt, und seine Trauer war ihm wertvoller als das ganze Leben."

Erfüllt von ihrer Einsamkeit und Menschenscheu, begann sich Elisabeth mit zunehmendem Alter in eine Phantasiewelt einzuspinnen, in der diese homerische Gestalt, der Sage nach gefallen im Kampf um Troja, zum „hehren Bräutigam" wird. Nichts illustriert wohl deutlicher Sisis problematisches Verhältnis zu Liebe und Sexualität als die schwülstige Phantasie um den toten Achill: Keine lustvolle Vereinigung im Leben ist es, die sie anstrebt, todessehnsüchtig träumt sie vielmehr vom Einswerden im Tode mit ihm:

*Gödöllö den 14. Novbr. 1887.*
*4 Uhr Früh.*

*Edes, szeretett lelkem,*
*Diese Zeilen will ich noch an Dich nach Miramar richten, damit Du bei Deiner Ankunft daselbst Nachrichten von uns findest und um Dir für Deinen lieben, langen Brief vom 6., den ich erst Gestern erhielt, so wie für Dein gestriges Telegramm innigst zu danken. Wie glücklich bin ich, daß endlich Morgen die Fahrten mit dem Kutter und die Promenaden im unsicheren Albanien zu Ende sind, aber ganz froh werde ich erst sein, wenn Du nach glücklich überstandener Seereise wieder bei uns sein wirst. Valerie glaubte Gestern nach Durchlesen Deines Bleistift Briefes, in welchem Du von Deiner Reise mit der Göttin schreibst Du seiest ganz übergeschnappt und war sehr besorgt, bis ich ihr Abends vor dem Diner die beruhigende Aufklärung gab, es sei von dem Schiffe Minerva die Rede...*

KAISER FRANZ JOSEPH,
Brief an Elisabeth

*Das Eden, welches ich erträumte,*
*Ruht längst im tiefen Meeresgrund,*
*Die Welle, die darüber schäumte,*
*Ich segne sie in dieser Stund'.*

ELISABETH,
Winterlieder

*Je länger ich in ihrer Nähe weile, desto mehr belebt sich in mir der Gedanke, dass sie zwischen zwei Welten steht. Wenn wir stundenlang am homerischen Strande wandern, sie wie ein verkörperter Schatten gleitend an der lichten Küste des Lebens, und die ewigen Wellen uns anschreien, da habe ich immer die Empfindung, als ob sie etwas versinnbildliche, das zwischen Leben und Tod liegt oder in beiden zugleich. Sie selbst hört aus der feierlichen Ansprache des Meeres immer nur das eine heraus: dass nämlich unvergänglichere Kräfte und Zustände als jene, die wir auf der Insel des Lebens kennen, uns für sich beanspruchen.*
*– Das Meer will mich immer haben; es weiß, dass ich zu ihm gehöre, sagt sie mir fast jedesmal, wenn wir am Meere gehen.*

KONSTANTIN CHRISTOMANOS,
Tagebuchblätter

„Leichten Schrittes steigt sie die weiten,
teppichüberdeckten Stiegen –
Ihren Bräutigam dort liegen
Sieht sie jetzt, den marmorbleichen.
In der Ampel mattem Scheine
Deucht's, als regte er sich wieder;
Sie umfaßt die edeln Glieder
Presst ihr Herz zum kalten Steine.
„Mit dem Schlag der zwölften Stunde
Komm zu mir, ich harr' schon lange,
Dass ich endlich dich umfange.
Leben küsst du mir vom Munde."

ELISABETH, Das poetische Tagebuch

Die poetische Traumwelt Sisis akzeptierte die Männer konsequent nur als „Esel" und „Affen" oder eben als Sterbende und Tote – die konnte man wenigstens noch gefahrlos „lieben".

Die Gewalt der literarischen Imagination machte nun auch vor der eigenen Person nicht Halt: Elisabeth sieht sich als Feenkönigin Titania aus Shakespeares „Sommernachtstraum", einem Stück, das sie immer schon außerordentlich liebte, dem aber Franz Joseph (= Oberon!) so gut wie nichts abgewinnen konnte. Das Bild der Fee Titania beherrschte Elisabeths Phantasie in einer Weise, die sie die Realität darüber beinahe vergessen ließ. Die Gestalt der unnahbaren Fee, die sich über das Werben der Männer nur lustig machen konnte, verband sich mit Hohn und Menschenverachtung für diese: Sowohl in der heimatlichen Hermesvilla als auch im Achilleion auf Korfu läßt sie eine Abbildung Titanias anbringen, die mitleidig einen Eselskopf streichelt. Sollte es dennoch jemand wagen, ihr nahezutreten, will Titania keine Gnade kennen:

Du willst ein Spiel der Minne,
Verrückter Erdensohn?
Mit goldnen Fäden spinne
Dein Leichentuch ich schon...

In meiner schönen Mache
Verzapple dich zu Tod,
Ich schaue zu und lache
Von jetzt bis Morgenrot.

ELISABETH, Das poetische Tagebuch

*Die andre war so dass sie tränen regte.*
*Ehmals mit huld und jugend, dann mit huld*
*Und trübnis. Sie in volkes jauchzen stumm.*
*Dem tagessinn unnahbar trug das rätsel*
*Verborgner ähnlung und verflackte schimmer*
*Mit sich von eben morgenroten welten:*
*Bis sie unduldbar leid zum meer zum land*
*Zum meer zum dolch hintrieb der sie erstach.*

STEFAN GEORGE,
Der siebente Ring

Sisis „hochmütige Natur", so meinte schon um die Jahrhundertwende der französische Schriftsteller Maurice Barrés (1862–1923), hätte zu einer „Art von Verzweiflung" geführt, in der „Demut und Stolz miteinander im Kampf" lägen – eine Beobachtung, die auch die Aufzeichnungen ihrer Reisebegleiter bestätigen (Maurice Barrés, Eine Kaiserin der Einsamkeit).

1885 ging dann der langersehnte Wunsch einer Orientreise für Elisabeth endlich in Erfüllung. Baron Nopsca wurde mit der Suche eines entsprechenden Reiseleiters beauftragt. Seine Wahl fiel auf den österreichischen Konsul in Korfu, Alexander Freiherr von Warsberg. Er hätte keine bessere treffen können. Während seines Studiums in München kam der aus lothringischem Uradel stammende Warsberg in persönlichen Kontakt mit den Wittelsbachern, vor allem mit den Prinzen Ludwig und Otto. Seine humanistische Ausbildung und der bayerische Philhellenismus bestimmten sein weiteres Leben. Jedesmal wenn er in der Pinakothek das Gemälde „Griechische Landleute" von Peter von Heß sah, verspürte er „den heftigen Wunsch, Griechenland und den Orient zu sehen". In Graz lernte er den bekannten Staatsmann und Orientalisten Graf Anton Prokesch von Osten kennen, der damals noch Botschafter in Konstantinopel war. Als Warsberg ihn dort besuchte, fand er sich sofort im Süden zu Hause. Die Linderung seines schweren Lungenleidens durch das milde Klima dürfte dabei entscheidend beigetragen haben. Von 1868 bis 1881 reiste er mehrmals nach Griechenland, nach Ägypten, Syrien und nach Libyen. 1869 erschienen seine ersten Reiseeindrücke in dem Buch „Ein Sommer im Orient", 1878 sein dreibändiges Hauptwerk „Odysseische Landschaften". 1882 wurde der ersehnte Posten eines österreichischen Konsuls in Korfu für ihn frei (Warsberg sollte 1887 auch noch Generalkonsul in Venedig werden). Die gespannt erwartete erste Begegnung mit der Kaiserin verlief für Warsberg äußerst enttäuschend: Zuerst wurde er vom Obersthofmeister instruiert, sich „kurz, concentriert zu fassen, denn die Kaiserin vertrage nicht das viele Reden", und über Elisabeth selbst notierte er danach: „Sie säuselte mich an, knapp, nicht unartig; ich fand sie häßlich, alt, spindeldürr aussehend, schlecht angezogen, und hatte den Eindruck, nicht eine Närrin, sondern eine Wahnsinnige vor mir zu haben, so daß ich förmlich traurig wurde." Dieser erste negative Eindruck kehrte sich jedoch bald gründlich ins Gegenteil, denn schon kurze Zeit später ist er von ihr äußerst angetan: „Sie ist bezaubernd liebenswürdig, kann der Frau nicht widerstehen!" und Elisabeth wiederum „überschüttet ihn mit Dankbarkeit und Huld".

Die weite Reise begann am 5. Oktober 1885 auf dem Schiff „Miramar". Die Raddampfyacht „Miramar" war das berühmteste Schiff unter den kaiserlichen Yachten. Sie war 82,5 Meter lang und hatte eine 2000 PS starke Maschine; 1872 in England vom Stapel gelaufen, wurde sie nach 1920 abgewrackt. Die besonders luxuriöse Ausstattung entsprach der Verwendung für das Kaiserhaus, ebenso die Sonderräume im achten Zwischendeck für Hofchargen und Dienerschaft. Das andere von Elisabeth häufig benützte Schiff war die Raddampfyacht „Greif". Es handelte sich dabei um den ehemaligen Lloyddampfer „Jupiter", der 1859 von der eigenen Bemannung versenkt worden war. Nach seiner Hebung am 1. Juni 1859 wurde er von der Kriegsmarine angekauft und war in der Schlacht bei Lissa 1866 im Einsatz, für kurze Zeit wurde er von Vizeadmiral Tegetthoff sogar als Flaggschiff benutzt. 1869 reiste Kaiser Franz Joseph mit der „Greif" zur Eröffnung des Suezkanals. Der Raddampfer „Kaiserin Elisabeth", ein weiteres Ausflugschiff Sisis, lief 1854 von Stapel.

Zunächst wurde wiederum Korfu, die Lieblingsinsel beider, aufgesucht. Warsberg führte die Kaiserin zur Villa Braila bei Gasturi, wo er schon fünfzehn Jahre zuvor seinen Wohnsitz hatte aufschlagen wollen. Die Kaiserin war von diesem schönen Stück Erde, dem wunderschönen, bergab bis zum Meeresufer reichenden Park, der weiten Aussicht bis zu den Albaner Bergen und von den schweren Düften der üppigen Vegetation fasziniert. Schon bei der ersten Begegnung dürfte in Sisi der Wunsch nach einem eigenen Haus an dieser Stelle gereift sein. Zunächst aber ging die Reise weiter nach Patras, Korinth, Zante, Milo, Santorin, Zypern, Port Said, Alexandrien, Ithaka und zurück nach Korfu. Die Kaiserin und ihr Begleiter lebten sozusagen simultan in ihrer illusionistischen Welt, ohne von der übrigen Mannschaft besondere Notiz oder Rücksicht zu nehmen. Die österreichische Touristengruppe erregte überall größtes Aufsehen, zumal sie ein seltsam bizarres Bild bot. Voran ging stets sie Kaiserin, groß, schmal, dunkel gekleidet mit Sonnenschirm und ungeheurem Tempo, weshalb sie von den Einhei-

*Immer aber blieb es mein Liebstes auf Ithaka, die Wanderung aus dem Hafen von Vathy um die enge Dixiabucht auf die hohen Ufer des Mologolfes, und dort auf „kiesigem Borde" mich „setzend am Stamm des heiligen Oelbaumes" die Odyssee in rein beschaulichem Sinne zu lesen, nur als Künstler zu sehen, als Dichter zu fühlen, und jeden anderen nicht dazu gehörigen Nebengedanken in die beschattete Tiefe des purpurnen Gewässers vor mir zu versenken. Ich bin nie früher dem Gedichte so gerecht geworden als in diesen natürlichen Lesestunden auf dem felsigen Ufer der rheïthrischen Bucht. Homerische Sonne hatte mir wohl schon einige Male früher, auf Scheria und auch an anderen Stellen dieses jonischen Meeres geleuchtet, aber bis in die Seele hinein mich erwärmt und mir antikes Leben gegeben, hat sie nur auf Ithaka. Weiche Südluft, ganz wie die Sprache des Dichters, umfächelte mich dabei, und der Oelbaum spendete mir mehr Würze und Stimmung als Apollo jemals aus dem Lorbeer sog. So liess ich dort die Schatten länger werden, den Abend kommen, die Sonne untertauchen und das Dunkel heraufziehen.*

ALEXANDER VON WARSBERG,
Ithaka

ABEND AUF DEM GREIF.

*Auf der Schiffsbrück' auf und nieder
Wandle ich am Abend gerne,
Aus den Wassern leuchten wieder
All des Himmels grosse Sterne.*

*An die weisse Schiffswand kommen,
Plätschernd leis', die dunkeln Wogen
Unermüdlich angeschwommen,
Rast- und ruhlos angezogen.*

ELISABETH,
Winterlieder

*Auf der See kannte sie keine Furcht. Bei gutem, wie bei schlechtem Wetter war sie auf dem Verdeck und während ihr Gefolge unter der Seekrankheit litt, saß sie selbst im heftigsten Sturm ruhig, lächelnd, zurückgelehnt auf ihrem Stuhle da. Vergebens bat der Schiffscapitän, sie möge sich in den Salon zurückziehen, sie wollte den Aufruhr der Wellen und das Toben des Sturmes sehen und genießen; gehörte doch auch dies zur Offenbarung der Natur!*

L. K. NOLSTON,
Ein Andenken
an Weiland Kaiserin
und Königin Elisabeth,
Wien 1899

*Wien den 6. Novbr. 1887.
1/2 5 Uhr Früh.*

*Edes, szeretett lelkem,
Vorgestern erhielt ich Dein Telegramm aus Corfu mit der Nachricht Deiner Ankunft und Gestern Abend hier Deinen lieben Brief vom 30. aus Ithaka. Für Beides meinen innigsten Dank. Dein Schreiben an Valerie kam Gestern auch hierher und ich habe es uneröffnet nebst Deinem Briefe an mich sogleich an sie nach Gödöllö expedirt.
Es freut mich, daß Dir Ithaka so unendlich gefällt. Daß es nervenberuhigend und still ist, will ich glauben, aber daß es schöner wie Hallstatt sein soll, scheint mir unmöglich, besonders bei der mangelhaften südlichen Vegetation. Leider hast du durch Tage schlechtes Wetter gehabt, gerade als wir uns in Gödöllö der schönsten sonnigen und warmen Tage erfreuten...*

KAISER FRANZ JOSEPH,
Brief an Elisabeth

*In dieser Sonnenhelle, auf der classischen Marmorbank ruhend, machte mir die schwarze, schlanke Gestalt einen erschütternden Eindruck: es war, als ob die Seele des antiken Griechenthums, um die verlorene Schönheit trauernd und irrend, sie auf diesen heiligen Gestaden, vor dieser verlassenen Bank suchen würde.*

KONSTANTIN CHRISTOMANOS,
Tagebuchblätter

*Sie ist die Einsamste aller Einsamen. Das muss man nicht nur symbolisch auffassen. Eine Nothwendigkeit ist es ihr, fast eine Lebensfunction, von Zeit zu Zeit, ja zu gewissen wiederkehrenden Zeiträumen sich auch äußerlich zu vereinsamen. Sie hat den fast schmerzhaften Wunsch allein zu sein und angesichts ihrer Geheimnisse zu träumen. Dann begibt sie sich in Oasen des Alleinseins, zu denen niemand Zutritt hat.
Um fünf Uhr morgens durchstreift sie schon die Gärten des Achillesschlosses – alle Welt schläft, nur sie wacht und wandelt in der Stille herum...*

KONSTANTIN CHRISTOMANOS,
Tagebuchblätter

mischen oft als „Eisenbahn" bezeichnet wurde. Hinter ihr eilte der ununterbrochen deklamierende, von den Strapazen sichtlich gezeichnete Warsberg, in einiger Entfernung schleppte sich die „schnaufende, dickliche Gräfin Festetics" nach, und erst hinter ihr folgte die übrige Begleitung.

Die Expedition auf den Spuren der griechischen Helden führte auch auf den Sapphofelsen, wo sich Warsberg den Höhepunkt des gesamten Programms erhoffte, da er dort vor zwanzig Jahren die „schönste Landschaft der Welt gesehen, nie einen glücklicheren Tag erlebt" hatte. Die Mitnahme einiger junger Kadetten erwies sich jedoch als Fiasko: „Dieser Rudel junger Leute schwatzte nun so und von so wenig zur Örtlichkeit passenden Dingen, daß die erhoffte poetische Stimmung nicht möglich war: „Da wir auf dem Sapphofelsen standen, flüsterte mir die Kaiserin zu, sie habe den Eindruck, in einem Eisenbahnrestaurant zu sein. Ich war längst melancholisch schweigsam geworden, weil ich mir die Freude verdorben sah, die Kaiserin hier ganz priesterlich weihevoll gestimmt umherführen zu können." (Alexander von Warsberg, Das Land der Griechen)

Im Oktober 1887 folgte die nächste große Griechenlandreise. Neben der Insel Korfu galt dieses Mal der Insel Ithaka, der Heimat des sagenumwobenen Odysseus, das Hauptinteresse, über die der kaiserliche Reisebegleiter eben ein sehr schönes Buch herausgegeben hatte (Ithaka. Wien 1887). Nun wurde Ithaka nach allen Richtungen durchstreift; der schlechte Hafen schuf allerdings Unruhe bei der Besatzung. Es kam sogar zu Feindseligkeiten gegenüber dem „ästhetischen Reisemarschall" und seiner „klassischen Ekstase". Auch in Wien war man über den langen Aufenthalt auf Ithaka schon sehr beunruhigt. Beim abschließenden Besuch in Korfu wurde immer wieder die verfallende Villa Braila aufgesucht. Elisabeth und Warsberg kamen von ihrem Schloßprojekt nicht mehr ab.

Zu Weihnachten 1888 war es dann soweit: Alexander von Warsberg wurde im Rahmen einer kleinen Feier im Schloß Miramare mit der Planung und Bauleitung des Achilleions betraut. In Wirklichkeit hatte er zu diesem Zeitpunkt bereits alle Vorarbeiten theoretisch abgeschlossen, schließlich ging doch damit auch sein eigener, langjähriger Traum in Erfüllung, und die Kaiserin stimmte bis ins kleinste Detail seinen Vorstellungen zu. Warsberg plante ein Königsschloß aus der glücklichen Phäakenzeit, „Alkinoos' prächtige Wohnung, gleich dem Strahle der Sonne und dem Schimmer des Mondes. Den Musen nach dem Parnasse und den Göttern selbst zum Olymp hinauf kann die Welt nicht schöner erschienen sein." Er engagierte als Architekten den aus Neapel gebürtigen Raffaele Carito, den späteren Syndikus der ausgegrabenen Stadt Pompeji. Neben der antiken griechischen Baugesinnung sollte nämlich auch die pompejianische Geschmackskultur mit zu neuem Leben erweckt werden. Im Vordergrund aber standen das alte Griechentum und sein Held Achill. Die architektonische Umsetzung des Mythos sollte eine vollkommene sein, und daher schuf man für dieses Traumgebilde auch Kentauren-, Hermes- und Achillesterrassen, Artemis- und Venustreppen, ein Äoluszelt, ein Peristyl, einen Musengarten und sogar eine Nachbildung der klassischen „hängenden Gärten", die sich nach Warsberg hier in der Nähe befunden haben sollen. Für Heinrich Heine, den Lieblingsdichter Elisabeths, wurde ein schöner Tempel gebaut, zu dem sie – wie Konstantin Christomanos überliefert – nicht selten „im Mondenschein" pilgerte, um davor stumme Andacht zu halten. Später setzte man auch dem verstorbenen Sohn Rudolf ein Denkmal.

In der Mittelachse des Gartens kam als zentrale Figur der „sterbende

26

Achill" zur Aufstellung, ein Motiv, das sich auch in der Innenausstattung wiederholte: ein riesiges Wandgemälde an der Querwand des Stiegenhauses widmete man dem Triumphzug des Achilles, wie er den Leichnam Hektors um Troja schleift. Eine weitere wichtige Andachtsstätte Elisabeths bildete eine weiße Marmorplastik der Lichtfee Peri, die auf den Flügeln eines Schwanes über die Wellen gleitet und dabei ein schlafendes Kind im Arm hält. Zweimal täglich, früh am Morgen und in der Abenddämmerung, kam sie hierher.

Sämtliche Gegenstände wurden mit Elisabeths neuem Wappen, dem Delphin, versehen. Wie sehr das Achilleion die Handschrift Warsbergs trägt, beweist ein Detail in der Kapelle, nämlich eine Kopie von Luca della Robbias Relief „Madonna mit Kind". Ebendieses Relief ziert auch den Grabstein der Warsbergschen Familiengruft auf dem St. Leonhardsfriedhof in Graz. Noch während des Baues erhielt Kaiserin Elisabeth am 29. Mai 1889 in der Hermesvilla die Nachricht vom Tode ihres Reisebegleiters und Seelenfreundes Alexander von Warsberg. Sie soll darüber zutiefst erschüttert gewesen sein. Noch wenige Tage zuvor hatte sie den kranken Mann bestärkt durch ein Telegramm mit dem Wortlaut: „Ich bewundere Ihre Seelenstärke, alle meine Gedanken sind bei Ihnen."

Über die künstlerische Bedeutung des Achilleions mag es unterschiedliche Meinungen geben. Den meisten erscheint der Bau mehr als Kuriosum denn als Kunstwerk. Dieser gebaute Philhellenismus hat in der Tat so manche Schwächen, mit seinen geradezu naiv-komisch-epigonalen Elementen und einer Ausstattung, die nicht grundlos während der Wiener Präsentation belächelt wurde. Als gebautes Manifest leidenschaftlicher Antikenverehrung steht seine kulturhistorische Bedeutung jedoch außer Frage.

Das Achilleion wurde 1891 fertiggestellt und im selben Jahr von der Kaiserin samt Gefolge bezogen.

*Hierher flüchtet die Fremde vor dem rauhen Odem des Nordens, oder wenn sie durch die wogende Wüste des Meeres müde gewandert. Alljährig erscheint sie im Geleite der lieblichsten Hore, da die Mandeln blühen in den Gärten des Alkinoos und die Massliebchen schneeig unter den Oelbäumen spriessen... und verschwindet wieder in ferne nordische Nebel, wo die Schatten wohnen und die Träume... Doch sie sehnt sich zurück nach der Insel der Seligen immerdar und ruhet nimmer, bis sie wieder „den Rauch von ferne aufsteigen" sieht von dem Palaste des Achilles: ihrer „trauten Klosterzelle".*

KONSTANTIN CHRISTOMANOS,
Das Achilles-Schloss auf Corfu

# AUCH ICH BIN HEIMATLOS...

Nach dem Tod des Kronprinzen Rudolf (1889) und der Heirat ihrer Lieblingstochter Marie Valerie mit Erzherzog Franz Salvator aus dem toskanischen Familienzweig im Jahre 1890 begann die eigentliche Odyssee der Kaiserin, ihre programmatische Devise hieß nun: „Durch die ganze Welt will ich ziehen, Ahasver soll ein Stubenhocker gegen mich sein. Ich will zu Schiff die Meere durchkreuzen, ein weiblicher ‚Fliegender Holländer', bis ich einmal versunken und verschwunden sein werde." (Marie Louise Wallersee, Kaiserin Elisabeth und ich). Sie hielt sich daran bis an ihr Lebensende. In Wien blieb sie nur mehr einige Wochen pro Jahr, und da völlig zurückgezogen in der Hermesvilla. Selbst Franz Joseph hatte es mitunter schwer, zu seiner Frau vorzudringen, wie der Leibkammerdiener Ketterl berichtet: „In Gödöllö bekam der Kaiser seine Gattin, selbst wenn sie unter einem Dache wohnten, nur selten zu Gesicht. Wollte Franz Joseph sie morgens besuchen und ging er ohne Anmeldung zu ihr hinüber, erklärten die diensthabenden Geister Ihrer Majestät, die Kaiserin schlafe noch! Manchmal war die hohe Frau schon in den Bergen, von wo sie erst abends mit ihrer unglücklichen Hofdame zurückkehrte und, jetzt todmüde, den Kaiser erst recht nicht empfing. So kam es vor, daß der

*Die Schwalbe ruht in keinem Lande;
Wo sie noch heute gern geweilt,
Da sprengt sie morgen schon die Bande.
Ist leichten Fluges fortgeeilt.*

ELISABETH,
Nordsee Lieder

*Hell strahlt allen Dichtern das Bild ihrer Träume an den blühenden Gestaden Joniens, in Korkyra, dort, wo ihre gebrochenen Hoffnungen, ihre grausame Angst sich verwandelten und wurden ‚wie das Meer im Frühling'. Der Rhythmus ihrer erhabenen Seele fliesst dort an der Küste über in die Melodie des Lebens, der sie so lange gelauscht hat, auf Wiesen oder im Sande lagernd, unter der hellen Sonne oder unter blassen Sternen. Da fühlte sie die Unendlichkeit ihres Schmerzes, den schwellenden Strömen und den flutenden Oceanen gleich.*

*…*

*Nur an den Orten ihrer Sehnsucht war ihr Vaterland, rasende Eile ihre Trunkenheit. Das Pferd, welches vorwärtsstürmt, das Segel, welches sich bläht, gaben ihr die Illusion von Flügeln. Sie kannten der Thau der Wiesen, der salzige Sand, die Fülle des Meeres, die Winde und Regen, die unsichtbaren Wege und die bannenden Gefahren. Wie liebte sie es, das Gebiss des Pferdes, den Schiffsbug ganz mit Schaum bedeckt zu sehen, während ihr Schmerz stark ward wie die Erde oder brausend wie das Meer.*

*Die Augen, welche einstmals an den Küsten des baltischen Meeres im fahlen Sonnenlicht die irdischen Dinge wie umhüllt von goldenem Duft sahen, diese selben Augen erkannten im heissen Sand die Spuren erhabenen Lebens, sahen die noch lebenden Wurzeln von Sagen in den Wogen des singenden Meeres. So wandelten sich ihr die Gesichte in einer fortdauernden tiefen Vision…*

GABRIELE D' ANNUNZIO,
(übersetzt von
Hugo von Hofmannsthal)
Wiener Rundschau,
1. Oktober 1898

Kaiser oft zehn Tage lang umsonst zu ihr hinüberging. Wie peinlich das vor dem Personal war, kann sich jeder denken; mir tat der hohe Herr oft in der Seele leid." (Cissy von Klastersky, Der alte Kaiser, wie nur einer ihn sah, zit. nach B. Hamann)

Kaum einige Wochen in Wien, Bad Ischl oder Gödöllö, zog es Elisabeth wieder in die Ferne: Ein neuer „Reiseplan" wurde erstellt, die Hofdamen erhielten Befehl zum „Dienstantritt", und fort ging es mit der Bahn nach dem Süden zu den Ausgangshäfen an der Adria, Triest oder Pola. Im August 1894 wird zum ersten Mal Irma Gräfin Sztáray als Begleiterin ausgewählt, ihre nach dem Tode Elisabeths erschienenen Aufzeichnungen „Aus den letzten Jahren der Kaiserin Elisabeth" (Wien 1909) geben uns ein eindrucksvolles Bild vom ziellosen Umherirren Sisis im Bereich des Mittelmeeres. So führte die Reise vom Herbst 1894 von Pola mit der Eisenbahn nach Marseille, dann auf dem Schiff „General Chanzy" nach Algier, wo man im Hotel Splendide logierte und die Farbenwelt des Orients bewunderte, ein geplanter Ausflug in die Sahara fiel ins Wasser, und man kehrte nach Frankreich zurück. Von Marseille erreichte man mit dem Zug Cap Martin, einen „Lieblingsaufenthalt" der Kaiserin (Irma Gräfin Sztáray), wo sie auf den Besuch Franz Josephs – inzwischen war es Februar 1895 geworden – wartete, der etwas verspätet auch eintraf.

Nach einigen gemeinsamen Tagen drängt es Sisi wieder zum Aufbruch: Korsika, Korfu und schließlich Venedig sind die nächsten Ziele. Erst im Mai 1895 trifft sie wieder in Wien ein.

Eine besondere Belastung für alle Beteiligten bildet Elisabeths Gewohnheit, ohne Rücksicht auf politische Umstände oder Fragen der Etikette plötzliche und unangemeldete Besuche zu tätigen, so etwa 1891 in Athen, wo sie vom Bahnhof direkt und ohne Voranmeldung zum königlichen Schloß fährt. Um die daraus resultierenden peinlichen Szenen kümmerte sie sich nicht, wie ihr überhaupt die Leiden der Reisegefährten kaum nahegehen: „Es dürfen mich dann auch nur Menschen begleiten, die entweder nichts mehr zu verlieren oder mit dem Leben überhaupt abgeschlossen haben." Und: „Am besten wäre für mich eine Schiffsmannschaft von lauter zum Tode Verurteilten. Da brauchte ich mir kein Gewissen daraus zu machen, sie der Gefahr auszusetzen." (Marie Louise von Wallersee, Kaiserin Elisabeth und ich)

„Leiden" müssen nicht zuletzt auch die Kühe und Ziegen, die regelmäßig an Bord genommen werden, um die Kaiserin ständig mit frischer Milch versorgen zu können. Milch und Obst bilden die Hauptgrundlage für Elisabeths zunehmend exzentrischer werdende Ernährungsgewohnheiten.

Mit bewundernswerter Energie trotzt sie auch weiterhin allen physischen Strapazen, so läßt sie sich bei besonders schlechtem Wetter auf dem Deck an einen Mast oder festgeschraubten Sessel binden und meinte einmal dazu: „Ich tue dies wie Odysseus, weil mich die Wellen locken." Die hier anklingende tiefe innere Verbundenheit zur Natur und der See im besonderen wird von den Quellen immer wieder dokumentiert: Konstantin Christomanos erzählt zum Beispiel von folgender Episode auf Korfu (Frühjahr 1892):

*Wir gingen wieder am Strande. Sie sagte: Das Meer ist mein Beichtvater, den ich täglich aufsuchen muß. Es macht mich wieder jung, weil es alles Fremde von mir nimmt und mir seine Gedanken gibt, welche die einzige unsterbliche Jugend sind. Es kann selbst nicht sterben und deswegen verjüngt es alles um sich. Von ihm kommt meine ganze Weisheit her. Auch in Gödöllö gibt es einen Baum, der mein bester Freund in dieser Welt ist, sagte sie dann. Jedesmal, wenn ich hinkomme, und bevor ich abreise, gehe ich zu ihm, und wir blicken uns einige Minuten schweigend an. Er ist der Vertraute meines Lebens; er weiß alles, was in mir ist und was in der Zwischenzeit geschieht, solange wir uns entfernt sind; er wird es auch niemand sagen.*

*Sehen Sie, sagte die Kaiserin nach einer Weile, indem sie auf die kleinen Inseln zeigte, die auf vergoldeten Gewässern schwammen, wo eine Insel sich ausbuchtet, dort vertiefen sich lieblich alle Traurigkeiten der Welt.*

*Heute saßen wir lange im Anblick des geheimnisvollen Meeres und wir schwiegen die ganze Zeit, während nur das Meer schrie. Es schrie für uns Schweigsame. Und wir wußten, daß unser Schweigen und Ruhen dasselbe besagte, was das Meer so schrecklich austönen ließ. (...)*

*Sie selbst hört aus der feierlichen Ansprache des Meeres immer nur das eine heraus: daß nämlich unvergänglichere Kräfte und Zustände als jene, die wir auf der Insel des Lebens kennen, uns für sich beanspruchen.*

*Das Meer will mich immer haben; es weiß, daß ich zu ihm gehöre, sagt sie mir fast jedesmal, wenn wir am Meere gehen.*

(Konstantin Christomanos, Tagebuchblätter)

Diese extreme Nähe zu den Naturgewalten, die förmlich die Sehnsucht Elisabeths nach einem völligen Aufgehen in ihnen verspüren läßt, bedeutete für die Hofdamen schwerste Anstrengungen. Alexander von Warsberg, Reisebegleiter im östlichen Mittelmeer, berichtete etwa von einem Vorfall, bei dem zwei Kammerfrauen „in Todesangst" in eine Ecke geflüchtet wären, während ihnen Elisabeth bei heftigem Wellengang unbedingt den „herrlichen Sonnenuntergang, die Farben auf dem Gebirge hinter Patras" zeigen wollte. Die „armen Geschöpfe" seien daraufhin in „Jammerlaute" ausgebrochen. (B. Hamann, Elisabeth) „Lebensüberdrüssig und müde" (Gräfin Marie Festetics), häufig auch plötzlichen Launen nachgebend, wird das Reisen für Sisi zum Ritual: Ankunft und Abschied wiederholen sich in unablässiger Folge, allein in der Bewegung, nicht im Ruhen, scheint sie noch so etwas wie existieren zu können. Durch das Reisen überlebt sie, eine schmerzgebeugte Mater dolorosa auf Wanderung. Die jeweiligen Reiseziele selbst werden immer unwichtiger, beliebig vertauschbar, und immer öfter ändert dann auch Elisabeth ihre Route kurzfristig.

1890 unternimmt sie eine lange Reise nach Portugal, von Dover aus segelt sie auf dem kleinen Kutter „Chazalie" nach Frankreich. Paris, Bordeaux, Arcachon und schließlich der Hafen von Oporto sind die Etappenziele. Nach der Besichtigung von Lissabon fährt sie nach Gibraltar weiter, und dann geht es nach Tanger, Oran, Tenéz und Algier. Weitere Stationen sind Ajaccio auf Korsika, wo sie das Geburtshaus des von ihr hoch geehrten Napoleon besucht, dann folgen Marseille, Toulon, Cannes, Monaco, Menton, Livorno, Florenz, Pompeji und Capri; von Neapel setzt sie schließlich nach Korfu über, um hier selbst die Bauarbeiten am Achilleion zu inspizieren.

In ähnlichem Tempo geht es auch die nächsten Jahre weiter: Im März 1891 findet man Elisabeth bereits wieder auf Korfu, dann in Korinth und Athen, der November 1891 sieht sie für drei Wochen in Kairo. 1892 reist sie zur Kur nach Karlsbad, danach in die Schweiz, wo anstrengende Bergtouren, zum Beispiel auf den Rigi, auf dem Programm stehen. Im September 1892 kehrt sie nach Gödöllö zurück, wo nun auch ihr Jagdpferdestall endgültig aufgelöst wird; bereits wenig später führt

---

*– Auf dem Meere wird mein Athem weiter, sagte sie mir wieder auf der Brücke. Er geht nach dem Wellenschlage. Wenn die Wellen breiter werden, beginne ich tiefer zu athmen.*
*– Ja, Majestät, es gibt tiefe Correspondenzen zwischen den Menschen und den Dingen, deren Gesetze ewige Räthsel bergen.*
*– Ich meine, sagte sie, das Meer entmenscht uns, es duldet nichts von dem Landthierischen an uns. Wenn es stürmt, glaube ich oft selbst eine schäumende Woge geworden zu sein.*

KONSTANTIN CHRISTOMANOS,
Tagebuchblätter

*Eine Möve bin ich von keinem Land.*
*Meine Heimat nenne ich keinen Strand,*
*Mich bindet nicht Ort und nicht Stelle:*
*Ich fliege von Welle zu Welle.*

ELISABETH,
Nordsee Lieder

*Alle großen Dichter haben so wie Elisabeth von Österreich unter der Vulgarität der Welt gelitten; sie haben das Verlangen gespürt, sich zu einem höheren Ideal emporzuringen, haben eine tiefe Entfremdung den abgestumpften und beschränkten Wesen gegenüber erfahren, die ihrerseits lebensfroh und mit dem Schicksal zufrieden sind. (...)
Aber dieser Überdruß, der unaufhörlich die Würze des Todes erfordert, beeindruckt am allermeisten bei einer Frau, die durch ihre Schönheit, ihr Diadem und ihre Einsamkeit vergöttert wurde, so wie auch durch ihr Mißgeschick, dessen sie sich durch die Flucht ins eigene Innere entledigte und letztlich durch ihre Ermordung, die sie nicht einmal mehr erschüttern konnte, denn sie war dem Tode lange schon zuvorgekommen.*

MAURICE BARRÈS,
Eine Kaiserin der Einsamkeit

sie eine Winterreise über Sizilien und den Balearen nach Spanien, zu Weihnachten 1892 besichtigt sie Valencia, Malaga und Granada, anfangs 1893 Sevilla und Cádiz; über Mallorca und Barcelona stürmt sie an die Riviera, dann nach Genf und Territet, wo sie wieder einmal mit Franz Joseph zusammentrifft. Den Winter 1893/94 verbringt sie abermals im Süden: Algier, Madeira, Alicante, Cap Martin sind die Stationen. Der bereits erwähnten Reise mit Irma Gräfin Sztáray von 1894/95 folgt ein Kuraufenthalt im Karpatenbad Bartfeld (Ostslowakei, ehemals ungarisches Komitat Sárosvár), dann ein Treffen mit der Dichterfreundin Carmen Sylva in Bad Ischl. Eine Kur in Aix-les-Bains wird abgelöst von Aufenthalten in Genf und Territet und Gödöllö, dann ist sie wieder kurz in Wien; gleich geht es aber neuerlich zurück an die französische Riviera nach Cap Martin; Cannes, Neapel, Sorrent, Korfu folgen, schließlich Ende April 1896 die Tausendjahrfeier Ungarns in Budapest, die Elisabeth noch einmal sichtlich bewegt.

1897 und 1898 ist sie in Biarritz und wiederum an der französischen Riviera sowie in Bad Kissingen, dazwischen gibt es längere Aufenthalte auf Korfu, in Ungarn, Bayern und Bad Ischl. Am 16. Juli 1898 verläßt Elisabeth Bad Ischl in Richtung München. Dort besucht sie noch einmal die Stätten ihrer Kindheit und begibt sich schließlich auf ihre allerletzte Reise in die Schweiz. Nach Aufenthalten in Territet und Caux sowie Ausflügen nach Bex und Evian trifft sie am 9. September 1898 im Genfer Hotel „Beau Rivage" ein, zu Mittag des nächsten Tages ereilt sie ihr Schicksal...

*Jetzt ist uns ihre Existenz fast schon
wie etwas Unwirkliches,
ihre Gestalt schwebend wie die Gestalten
eines Traumes, und auf ihr
Schicksal blicken wir kaum noch
wie auf ein gelebtes Dasein,
sondern wie auf eine Dichtung.*

Felix Salten,
Elisabeth

# WO DIE SCHATTEN WOHNEN UND DIE TRÄUME ...

*Elisabeth von Österreich, um 1862.
Photographie nach einem Ölgemälde von Franz Schrotzberg
(1811–1869).*

*Das junge Kaiserpaar auf einem der zeitgenössischen und außerordentlich populären Hochzeitsgedenkblätter. Lithographie, Gustav Kühn, Neu-Ruppin 1854. Elisabeth trug zur Vermählung jenes Diadem, das bereits Erzherzogin Sophie anläßlich ihrer Vermählung getragen hatte.*

*Ein „simbolografisch-historisches Tableau" mit Porträts, Namen und Daten verschiedener Persönlichkeiten zu den Familien Habsburg und Wittelsbach, entstanden anläßlich der Verlobung Franz Josephs mit Elisabeth. Lithographie, Franz Würbel, 1853.*

*Elisabeth nach dem Tod ihrer Tochter Sophie (Herbst 1857).
Photographie Franz Hanfstaengl, München 1859.*

*Die Kaiserin kurz vor ihrer „Flucht" nach Madeira, 1860.
Eine schwere Ehekrise und große gesundheitliche Probleme treiben Sisi
in eine erste, fast zweijährige Abwesenheit vom Wiener Hof.
Photographie von Ludwig Angerer, Wien*

*Erzherzogin Gisela und Kronprinz Rudolf vor einer für sie errichteten
Blockhütte in Reichenau an der Rax, August 1861.
Diese Photographie von Ludwig Angerer wurde zusammen mit anderen
der Kaiserin nach Korfu geschickt, angeblich um ihr Heimweh zu verstärken.*

*Sisi im Familienkreis, um 1860; sitzend von links:
Elisabeth mit dem Kronprinzen Rudolf und der Erzherzogin Gisela;
dann Erzherzogin Sophie und Erzherzog Franz Carl, die Eltern Franz Josephs.
Stehend von links:
Kaiser Franz Joseph, Erzherzog Ferdinand Max mit seiner Frau, Erzherzogin Charlotte,
die Erzherzöge Ludwig Viktor und Karl Ludwig.
Photographie von Ludwig Angerer.*

*Sisi mit ihrem Lieblingshund „Shadow"
im Photoatelier Angerer, um 1864.*

*Links: Die Kaiserin zu Pferd.
Photoserie von Ludwig Angerer, um 1870.*

*Rechts: Elisabeth mit ihren Hunden.
Photographie von A. Golla, um 1862.*

*Die Hermesvilla, erbaut für die Kaiserin Elisabeth von Karl Hasenauer in den Jahren 1882 bis 1886. Die Innenausstattung, unter anderem mit einem Gemälde der Titania erfolgte ganz nach den persönlichen Wünschen Elisabeths.*

*Um 1868/69. Photographie von Emil Rabending.*

*Elisabeth mit aufgelöstem Haar.
Photographie nach einem Ölgemälde von
Franz Xaver Winterhalter, 1864.*

*Schloß Laxenburg bei Wien. Hier verbrachte das junge Kaiserpaar seine Flitterwochen.*

*Kaiser Franz Joseph auf einer Photographie von Victor Angerer, 1866.*

*Elisabeth im dunklen Kleid. Photographie aus einer sehr bekannten Serie Emil Rabendings, Wien 1868/69.*

*Rechts: Elisabeths liebste Hofdame Anfang der sechziger Jahre, Gräfin Lily Hunyady, mit der sie eine enge Freundschaft verband (links). Hier in Gesellschaft der Gräfin Kollonits. Photographie von Ludwig Angerer, 1870.*

*Eine seltene „Familienidylle" aus den frühen achtziger Jahren:
Das Herrscherpaar im Kreis seiner Kinder und Enkelkinder,
Zeit ihres Lebens besaß Elisabeth eine ausgeprägte Abneigung gegen ein von höfischer
Etikette diktiertes Familienleben. So dichtete sie einmal voll Bitterkeit:*

Wie der Pontius ins Credo,
Kam ich ins Familienjoch;
Denn zu fliehen der Familie,
War mein Drang von jeher doch.

*Das österreichische Herrscherpaar 1879, eine Photomontage anläßlich der silbernen Hochzeit Franz Josephs und Elisabeths. Im Hintergrund Kronprinz Rudolf.*

*Anfang März 1898 hielt sich Elisabeth (links) mit ihrer Hofdame Irma Sztáray noch einmal in Teritet am Genfer See auf.*

*Franz Joseph und Elisabeth während eines Kuraufenthalts in Bad Kissingen, Ende April 1898.
Wahrscheinlich die letzte Aufnahme der Kaiserin.
Photographie Atelier Kolb, Bad Kissingen.*

# EIN STÜCK FREIHEIT

*Elisabeth im Kreis ihrer Hofdamen,*
*vermutlich im Garten der Café-Konditorei Gerbeaud in Budapest.*
*Aquarell von Johann Maar, um 1866/67.*

*Blick von der Marienschanze neben dem Hradschin auf Prag.
Hierher führte die erste Reise des jungvermählten Herrscherpaares im Frühsommer 1854.*

*Der Königspalast in Budapest,
von der Pester Seite aus gesehen,
rechts die Kettenbrücke.
Hier nahmen die Krönungsfeierlichkeiten
des 8. Juni 1867 ihren Ausgang.*

*Ida von Ferenczy (1846–1928), Elisabeths engste Vertraute knüpfte die Kontakte zu Graf Gyula Andrássy.*

*Ferenc Deák (1803–1876), einer der Väter des österreichisch-ungarischen Ausgleichs von 1867.*

*Ida von Ferenczy in ungarischer Nationaltracht.*

*Graf Gyula Anrdássy (1823–1890).*

*Die Kaiserin bei einer Reitjagd in Gödöllö Mitte der siebziger Jahre. Bezeichnend für ihre Photoscheu in späteren Lebensjahren, verbirgt sie das Gesicht mit einem Lederfächer.*

– Ja, sagte sie, der Todesgedanke reinigt wie ein Gärtner, der das Unkraut jätet, wenn er in seinem Garten ist. Aber dieser Gärtner will immer allein sein, und ärgert sich, wenn Neugierige in seinen Garten schauen. Deswegen halte ich den Schirm und den Fächer vor meinem Gesicht, damit er ungestört arbeiten kann ...

KONSTANTIN CHRISTOMANOS,
*Tagebuchblätter*

*Die Hofdamen Gräfin Marie Festetics und Ida von Ferenczy auf den Eseln des Khediven, Gödöllö 1873.*

*Schloß Gödöllö, der Sommersitz der Kaiserfamilie, 20 Kilometer östlich von Budapest.
1867 wurde das Barockschloß nach den Wünschen von Kaiserin Elisabeth
durch den Architekten Miklós Ybl umgebaut. Auf Anraten Andrássys übergab
die ungarische Nation dem Kaiserpaar Gödöllö als Krönungsgeschenk.*

Mit riesiger Freude nahm ich die Nachricht auf, daß Gödöllö
unser Besitz sein wird, und erwarte kaum den Augenblick, wo es
in Ordnung kommt und wir dort werden wohnen können. Jetzt bin ich
noch neugieriger, wenn ich es nur bald sehen könnte ...

*Brief Elisabeths
an Kaiser Franz Joseph,
17. März 1867*

*Die Kathedrale von Esztergom, erbaut in den Jahren 1822 bis 1869 von Jan Packh, hier kurz nach ihrer Fertigstellung.*

*Die Ofener Burg, die durch Elisabeth erstmals seit längerer Zeit wieder zum Sitz der königlichen Hofhaltung wurde.*

*Baron Franz Nopcsa (1814–1904), seit 1868
Obersthofmeister Kaiserin Elisabeths und Freund Gyula Andrássys.
Verantwortlich für die Organisation und Finanzierung
der kaiserlichen Reiseunternehmungen, hatte er seine liebe Not
mit Elisabeths Extravaganzen.*

*Rechts: In Carmen Sylva (1845–1916) fand Elisabeth eine
verständnisvolle und aufrichtige Freundin.*

Carmen Sylva ist sehr lieb, unterhaltend, interessant,
aber sie steht mit den Füßen auf der Erde; sie könnte mich
nie verstehen, ich aber sie ja, ich liebe sie.
Sie erzählt und fabelt so gern, ihr ist es ein Genuß, und
der König (Carol) ist derart prosaisch,
daß geistig ein Abgrund zwischen ihnen liegt. Natürlich
sagt sie dies nicht so rundweg, doch
zog ich ihr das aus ihren Nasenlöchern.

*Brief Elisabeths an Valerie,
Mehadia, 2. Mai 1887,
zit. nach B. Hamann*

*Das nach Plänen des österreichischen Architekten Wilhelm von Doderer erbaute Jagdschloß Pelesch in den Karpaten. Im Mai 1887 ist Elisabeth hier Gast ihrer Dichterfreundin Carmen Sylva, der Königin von Rumänien.*

*König Ludwig II. (1845–1886),
ein Cousin zweiten Grades
zu Elisabeth, der mit ihr 1864 in Bad Kissingen
erstmals engere Kontakte knüpfte, aus denen sich eine
lebenslange, tiefe Freundschaft entwickeln sollte.
Der tragische Tod Ludwigs im Starnberger See,
den sie aus unmittelbarer Nähe miterlebte, stürzte
Sisi in eine schwere Krise.
Als „Möve" und „Adler" hatten sie sich auch im
poetischen Dialog gefunden:*

Du Adler, dort hoch auf den Bergen,
Dir schickt die Möve der See
Einen Gruss von schäumenden Wogen
Hinauf zum ewigen Schnee.

Einst sind wir einander begegnet
Vor urgrauer Ewigkeit
Am Spiegel des lieblichsten Sees.
Zur blühenden Rosenzeit.

Stumm zogen wir nebeneinander
Versunken in tiefe Ruh' ...
Ein Schwarzer nur sang seine Lieder
Im kleinen Kahne dazu.

*Gruß Elisabeths an König Ludwig II.,
Nordsee Lieder*

Der Möve Gruss vom fernen Strand
Zu Adlers Horst den Weg wohl fand,
Er trug auf leisem Fittigschwung
Der alten Zeit Erinnerung.

Da rosenduftumwehte Buchten
Möve und Adler zugleich besuchten,
Und, sich begegnend in stolzem Bogen,
Grüssend aneinander vorüberzogen.

Zur Bergeshöh' zurückgewandt,
Denkt Aar der Möve am Dünenstrand,
Und rauschend entsenden seine Flügel
Fröhlichen Gruss zum Meeresspiegel.

*Antwortverse Ludwigs II.,
Nordsee Lieder*

*Links: Schloß Linderhof, das König Ludwig II. von Bayern
nach dem Vorbild von Schloß Versailles in den
Jahren 1874 bis 1878 errichten ließ. In „Märchenschlössern"
wie Linderhof schuf sich Ludwig II. seine architektonische
Traumwelt; ähnlich wie Elisabeth scheute auch er
die Öffentlichkeit.*

*Berchtesgaden. Anstrengende Wanderungen in den Alpen Bayerns und Österreichs zählten zu Elisabeths ständigem Programm.*

*Elisabeths Eltern: Herzog Max in Bayern (1808–1888) und Ludovika (1808–1892). Ihnen verdankte Elisabeth eine heitere und unbekümmerte Jugendzeit.*

*Königssee mit der Försterei Bartholomä,
einem ehemaligen Klostergebäude.*

*Laienschauspieler der Oberammergauer
Passionsspiele, die bereits zur Zeit Elisabeths
eine beliebte Publikumsattraktion bildeten.
Photographien von B. Johannes,
München 1880.*

GASTEIN

Brausende Wasser, tosender Fall,
Einförmig' doch so melodischer Schall,
Müde der Körper, lauscht noch das Ohr,
Rauschen die Tön' so bekannt ihm doch vor,
Werfen schon glitzernde Perlen in' Traum –
Süsses Gedenken, zerstäubender Schaum.

*ELISABETH,*
*Nordsee Lieder*

*Ein besonders beliebter Kurort Elisabeths war Badgastein, das sie vor allem in ihren späteren Jahren häufig besuchte.*

*Als kaiserliche Sommerfrische hatte Bad Ischl eine lange Tradition. Hier lernten sich Franz Joseph und Elisabeth im Jahre 1853 kennen. In der „Kaiservilla", die von Erzherzogin Sophie angekauft und in den fünfziger Jahren zu einem Sommersitz ausgebaut wurde, hielt auch Elisabeth gerne ihre Sommer-Séjours ab.*

*Zuflucht vor dem ungeliebten Wiener Hofleben suchte Elisabeth wiederholt in Meran. Im Oktober 1870 ist hier auch ihre Lieblingsschwester, die frühere Königin Marie von Neapel, bei ihr zu Besuch.*

*Die Villa Trauttmansdorff bei Meran, in der Elisabeth zusammen mit ihren Töchtern
Gisela und Marie Valerie von Herbst 1870 bis Anfang Juni 1871 lebte
und auch die darauffolgende Wintersaison verbrachte;
Gouache von Karl Friedrich Harveng, 1870.*

„Wundern Sie sich nicht", fragt sie Elisabeth einmal plötzlich, „daß ich wie ein Einsiedler lebe?"
„Gewiß Majestät, Sie sind noch zu jung dazu."
„Na ja, aber es bleibt mir nichts anderes übrig, als dieses Leben zu wählen. In der großen Welt haben sie mich so verfolgt, absprechend beurteilt, verleumdet und so sehr verletzt und verwundet; Gott sieht meine Seele. Schlechtes habe ich niemals getan. So habe ich gedacht, ich werde mir eine Gesellschaft suchen, die mich in Ruhe läßt, mich nicht stört und mir Genuß bietet. Ich habe mich in mich selbst zurückgezogen und mich der Natur zugewendet, der Wald verletzt einen nicht. Freilich war es im Leben sehr schwer, allein zu sein, aber schließlich gewöhnt sich der Mensch an alles, und ich genieße es nun. Die Natur ist viel dankbarer als die Menschen."

MARIE FESTETICS,
*Tagebuch,
Meran, 23. Februar 1872*

*Links: Während ihrer Meraner Aufenthalte war Bozen ein beliebtes Ausflugsziel der Kaiserin.
Photographie von A. Augschiller, um 1875.*

*Konversationshaus und Gartenanlagen in Bad Kissingen. In den Jahren 1862 bis 1865 ging Elisabeth hier regelmäßig auf Kur und konnte dadurch ihre angegriffene Gesundheit entscheidend verbessern.*

Ich gehe viel in den Wald, denn am Kurplatz laufen mir die Leute zu viel nach ...
Vom König habe ich einen sehr liebenswürdigen Brief erhalten,
worin er mir sagt, daß ihm die Ärzte verboten haben, hierher zu kommen ...
Ich werde also ganz ruhig und ungestört hier leben."

Brief Elisabeths an ihre Tochter Gisela
aus Bad Kissingen, 9. Juli 1865

# DANN BEGINN ICH MEINEN „MÖVENFLUG"

*Die Hafenmole von Vlissingen.
Ende August 1890 begann die Kaiserin hier ihre abenteuerliche Fahrt
auf dem kleinen Segelkutter „Chazalie".*

*Parkanlage in Frankfurt. Elisabeth machte des öfteren hier Station; als begeisterte Reitsportlerin bewältigte sie noch im Jahre 1884 die Strecke Wiesbaden–Frankfurt und zurück an einem Tag.*

*Hamburg, Elbtor. Im Juli 1887 besuchte Elisabeth hier Charlotte Emden,
die Schwester des von ihr so tief verehrten Heinrich Heine.*

*Links: Dresden mit der katholischen Hofkirche und der Semper-Oper (ganz rechts).
Elisabeths Lieblingsbruder Karl Theodor heiratete in erster Ehe Sophie von Sachsen.
Aus diesem Anlaß reiste Elisabeth im Februar 1865 nach Dresden.*

*Der Hamburger Hafen, 1887 Ausgangspunkt
für Elisabeths Englandreise.*

Hinaus, hinaus auf's weite Meer
Treibt mich ein mächtig Sehnen,
Doch weil ich keine Flügel hab',
Muss ich sie mir entlehnen.

*ELISABETH*
*Nordsee Lieder*

*Am Deck des deutschen Dampfers „Pommerania".*

*London, die Bank of England um 1880, damals führende Weltbank, mit ihrer markanten korinthischen Säulenvorhalle. Aufsehen erregte ein morgendlicher Spaziergang Elisabeths im Hyde Park.*

Ich hab' geliebt, ich hab' gelebt,
ich hab' die Welt durchzogen;
Doch nie erreicht, was ich erstrebt. –
Ich hab' und ward betrogen!

*ELISABETH,
Nordsee Lieder*

*Stadtzentrum von Liverpool. Im März 1881 nahm Elisabeth am traditionellen Liverpooler Steeplechase teil, auch hier pilotiert von Bay Middleton.*

*Queen Victoria, die von 1837 bis 1901 als Königin England regierte. Erstmals traf Elisabeth mit ihr auf der Isle of Wight im Sommer 1874 zusammen, fand sie aber „unsympatisch", wie sie in einem Brief an Franz Joseph bemerkte. Aber auch die Queen zeigte sich vom Besuch der österreichischen Kaiserin „enttäuscht".*

*London, damals die verkehrsreichste Metropole Europas.*

*Der Landsitz Easton Neston in Towcester: Auf den Reitjagden, die Elisabeth im Februar und März 1876 hier zusammen mit Bay Middleton bestreitet, wird sie zur gefeierten „Königin hinter der Meute".*

*Summerhill in der irischen Grafschaft Meath, damals Eigentum des vierten Lord Langford, genannt „Paddy" Langford, eines alten Freundes von Bay Middleton, und Sisis Hauptquartier während der Parforcejagden. Als Elisabeth 1879 zum ersten Male nach Irland kam, bereitete ihr die Bevölkerung einen begeisterten Empfang. Auch ihr Inkognito – „Gräfin von Hohenembs" – bot davor keinen Schutz.*

Feurig waren Fritz Metternich und Graf Wolkenstein vorigen Dienstag, so daß sie nicht nur alles übersprangen, was sich ihnen in den Weg stellte, sondern auch Hindernisse suchten; der letztere stürzte zweimal hintereinander und kam aus einem sumpfigen Bach derart heraus, daß sein Schimmel einem Rappen und er einem Mohren glich.

ELISABETH,
aus Easton Neston
an Ida von Ferenczy,
20. März 1876

*Das Schloß Sassetôt in der Normandie, ein Aquarell von Anton Romako. Hier im Schloßpark erlitt Elisabeth am 11. September 1875 einen schweren Reitunfall, bei dem sie sich eine Gehirnerschütterung zuzog. Erst Ende September konnte sie nach Paris weiterreisen.*

*Bay Middleton, der „Pilot" Kaiserin Elisabeths auf den Parforcejagden in England und Irland, Zeichnung in „Vanity Fair", 1883. Die Gräfin Marie Louise von Wallersee berichtet in ihren Erinnerungen:*

Er hatte ein merkwürdiges Gesicht. Man wußte nicht, sollte man es hübsch oder häßlich nennen. Vor allem war es mit Sommersprossen übersät, wie dies bei Rothaarigen meist der Fall ist, denn Mister Middleton hatte brennrotes Haar und einen kleinen Schnurbart von gleicher Farbe."

MARIE LOUISE VON WALLERSEE,
*Kaiserin Elisabeth und ich*

*Die Rue Soufflot in Paris, im Hintergrund das Panthéon, Ruhestätte vieler großer Franzosen.
Nach ihrem schweren Reitunfall von Sassetôt erholte sich Elisabeth
während ihres Paris-Aufenthaltes Ende September 1875.
Die langen Alleen des Bois de Boulogne in Paris waren ein beliebter Ort für Spazierritte (rechts).*

In Paris durch die Straßen gehen, ist mir sehr angenehm, weil der einzelne,
unter die Menge verloren geht. Auf die Weise nähert sich diese Civilisation der Cultur.

ELISABETH,
in: Konstantin Christomanos,
Tagebuchblätter

*Kaiserin Eugénie von Frankreich*

*Die Pariser Oper kurz nach ihrer Fertigstellung im Jahre 1875. Erbaut wurde sie von Charles Garnier, der damit den „style Napoléon III" kreieren wollte.*

*Der Arc de Triomphe, das Denkmal der Siege Napoleons I.,
den Elisabeth als eine der größten Gestalten der Geschichte schätzte.*

*Paris, Place de la Concorde, in der Mitte der Obelisk von Luxor,
der 1836 hier aufgestellt wurde.*

*Die berühmten Austernbänke von Arcachon, südwestlich von Bordeaux.*

*Nach einigen Tagen Aufenthalt im Seebad von Arcachon besuchte Elisabeth Anfang September 1890 kurz Bordeaux.*

Ende August unternahmen wir von Vlissingen, vom Ufer Hollands aus an Bord der englischen Yacht „Chazalie" (Stern des Meeres) eine große Reise. Bei der Insel Wight war das Wetter aber so stürmisch, daß wir in den Hafen von Dover flüchten mußten, und da der Kapitän sagte, daß die Stürme längere Zeit anhalten werden, verließen wir die Yacht und Ihre Majestät begab sich über Paris nach Arcachon, wo sie mehrere Tage lang das Seebad gebrauchte. Von dort fuhren wir nach Bordeaux, wohin die „Chazalie" beordert wurde ...

*Aus den Tagebüchern
der griechischen Lehrer
(Orszagos Hirlap)*

*Der englische Segelkutter „Chazalie", auf dem Elisabeth ihre Seereise von 1890 unternahm.*

*Matrose der „Chazalie" mit zwei Ziegen, welche die für Elisabeth unentbehrliche tägliche Frischmilch lieferten.*

*Die Besatzung der „Chazalie".*

# PILGERIN DES NORDENS

*Elisabeth mit ihren Hofdamen auf Madeira, 1860. Die Kaiserin spielt Mandoline, links steht Lily Gräfin Hunyadi, rechts Mathilde Gräfin Windischgrätz und vor ihr sitzt Helene Gräfin Thurn und Taxis. Das Photo zirkulierte bereits während Sisis Abwesenheit am Wiener Hof und sorgte für entsprechende Entrüstung über die „pflichtvergessene" Kaiserin.*

*Die drei Ehrenkavaliere und Begleiter Elisabeths nach Madeira. Von links: Graf Imre Hunyady, Prinz Rudolf Liechtenstein, Graf Laszlo Szápáry.*

*Graf Hohenstein, Reisebegleiter nach Madeira und Korfu, mit den Äffchen und Papageien Elisabeths. Exotischen Tieren galt stets ihr Interesse.*

Moralisch ist aber die Kaiserin schrecklich gedrückt, beinahe melancholisch, wie es in ihrer Lage wohl nicht anders möglich ist – sie sperrt sich oft beinahe den ganzen Tag in ihrem Zimmer ein und weint ... Sie ißt schrecklich wenig, so daß auch wir darunter leiden müssen, denn das Essen, vier Speisen, vier Desserts, Kaffee etc. dauert nie über fünfundzwanzig Minuten. In ihrer Melancholie geht sie nie aus, sondern sitzt bloß am offenen Fenster mit Ausnahme eines Spazierrittes im Schritt von höchstens einer Stunde.

GRAF LOUIS RECHBERG,
*Kurier Kaiser Franz Josephs in Madeira,*
*12. Februar 1861*

*Elisabeths erklärte Lieblingshofdame
Lily Hunyady.*

*Gräfin Caroline Lamberg, Hofdame und
Reisebegleiterin auf Madeira.*

*Prinzessin Helene von Thurn und Taxis,
die als Hofdame Elisabeths an den Reisen nach
Madeira und Korfu 1860/61 teilnahm.*

*Die Fürstin Mathilde Windischgrätz und
ihr Mann Joseph. Die junge Fürstin begleitete
Elisabeth nach Madeira.*

*Die istrische Küste bei Abbazia, damals noch gänzlich unberührt vom Tourismus.*

*Schloß Miramar unweit von Triest, erbaut für Erzherzog Ferdinand Max in den Jahren 1856 bis 1860 nach Plänen des Architekten Karl Junker. Auch für das Kaiserpaar wurde Miramar wiederholt zu einem beliebten Aufenthaltsort.*

*Miramare, 6. März 1892.*

Wir sind heute mit dem Hofzuge angekommen. Sonne nach dem Regen, der vielleicht nasser Schnee gewesen. Oben auf dem Karst lag noch der Schnee in losen Klumpen auf den letzten Rändern der Steine und in den Ästen verzwergter Bäume, unwahrscheinliche Gleichgewichtskünste ausführend – böse Erinnerungen, die nicht weichen wollten; aber im Glanze der Sonne hatten sie jeden Schrecken verloren. Auf dem Bahnhofe von Grignano ausgestiegen. Der Park des Schlosses reicht bis hier herauf, und er duftet und dampft nach dem Regen.

Die Kaiserin mit dem Baron Nopcsa, dann die Gräfin Janka Mikes, ich und das übrige Gefolge: wir schreiten über die feuchten Kieswege unter tropfenden und schauernden Bäumen, die in Terrassen hinabsteigen unaufhaltsam dem Meere zu, das sie gar nicht mehr verlassen wollen. Und dann die überwältigende Offenbarung des Meeres selbst. Das Schloss erfüllt mit der dunklen Trauer der Vereinsamung; schwarzgetäfelte Wände im Vestibüle, das auf das Meer und den Garten hinausgeht; wundervoll geschnitzte Treppen, die von knarrenden Schritten träumen: nachgedunkelte Bilder von spanischen Habsburgern: Don Juan-Gestalten mit Fieber in den Blicken und schwellenden Unterlippen, schwermüthige Augen gebrechlicher Infantinnen, deren schmale Hände auf den schweren Falten ihrer Seidenkleider ruhen, auch Kindermündchen von kaiserlichen Kindern, deren Wangengrübchen in große steife Halskrausen eingerahmt sind ...

Mein Zimmer im großen Thurm mit dem Ausblick auf die Unendlichkeit des Meeres. Weiße Möwen wie unruhige Träume vor meinen Fenstern, mit lautlosem Flügelschlag über dem Spiegel des Meeres kreisend: strahlend heben sie sich von dem Himmel und dem Meere ab ...

*KONSTANTIN CHRISTOMANOS,*
*Tagebuchblätter*

Ganz Triest riecht als sei es ein einziges großes Gewürzkrämergewölbe. Wer aber hat je die Märchen von Tausend und einer Nacht gelesen und glaubt sich dann nicht beim Eintritte in einen Specereiladen nach Bagdad versetzt? In Wahrheit steht man auch in jeder europäischen Hafenstadt des mittelländischen Meeres schon mit einem Fuße im Orient.

*ALEXANDER VON WARSBERG,
Odysseische Landschaften,
1878*

*Der Hafen von Triest mit dem Erzherzog-Ferdinand-Max-Denkmal, auf der Piazza Giuseppina. Rechts befindet sich der Molo Giuseppina.*

*Kopfbahnhof von Triest, erstes Etappenziel Elisabeths auf ihren Reisen nach dem Süden.*

Später sagte sie mir:
– Die Menschen glauben, dass sie die Natur und die Elemente beherrschen durch ihre Schiffe und Expresszüge. Im Gegentheil – die Natur hat jetzt die Menschen unterjocht. Früher hat man sich in einer abgeschlossenen Thalmulde, die man nie verließ, als Gott empfunden. Jetzt rollen wir als Globetrotters wie Tropfen im Meer, und wir werden es schließlich erkennen, dass wir nichts als solche sind.

ELISABETH,
in: Konstantin Christomanos,
Tagebuchblätter

*Die Innenausstattung des kaiserlichen Salonwagens, hergestellt 1873/74.
Trotz dieser luxuriösen Bedingungen schätzte Elisabeth Bahnfahrten nicht besonders.*

*Das Arsenalstor in Venedig. Nach der Niederlage von 1866 und dem Anschluß Venedigs an Italien verlor das Arsenal der Lagunenstadt seine frühere Bedeutung.*

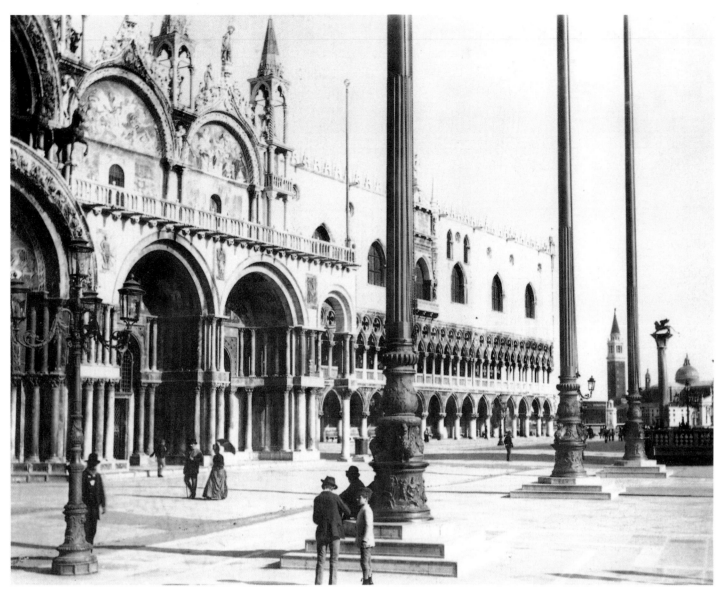

*Blick auf den Dogenpalast von der Piazzetta dei Leoncini, rechts im Hintergrund
der Turm von San Giorgio Maggiore.
Im Herbst 1861 traf sich Elisabeth hier mit ihren beiden Kindern Rudolf und Gisela.
Aus gesundheitlichen Gründen zog es Elisabeth vor, den Winter 1861/62
in Venedig zu verbringen. Besorgt um ihre Tochter, reiste im Frühjahr 1862
ihre Mutter Ludovika an und berichtete der Erzherzogin Sophie:*

Sie ist unendlich gut und liebevoll für mich, aber ich finde sie oft traurig ... deprimiert ...
unzählige Mal fragte sie Gackel und mich, ob wir sie recht verändert finden,
ob sie wassersüchtig aussähe! Wir wissen oft nicht mehr, was wir sagen sollen ...
Mitunter ist sie aber auch wieder recht heiter; meine Damen finden sie
ungeheuer liebenswürdig und Abends meist recht munter ...
melancholisch ist, was auch phisisch ist, sagt sie: „Wenn ich nur lieber
eine Krankheit hätte, die mich schnell wegraffte, dann könnte der Kaiser doch
wieder heirathen, und mit einer gesunden Frau glücklich werden, aber in diesem Zustand
geht man langsam und elend zugrunde ... Es ist ein Unglück für ihn
und das Land, deshalb darf es nicht so bleiben".

(nach B. Hamann, Elisabeth)

*Der Dogenpalast mit dem alten Campanile, der im Jahre 1902 einstürzte, vom Canale di San Marco aus. So wie während ihres ersten Venedig-Aufenthalts im Winter 1856/57 mußte sich Elisabeth auch 1861/62 mit einer österreichfeindlichen Stimmung abfinden.*

*Der Lido in Venedig. Für die sportbegeisterte Elisabeth zählte das Baden im Meer zu den Fixpunkten ihres jeweiligen Reiseprogramms.*

*Aufgrund ihrer Krankheit führte Elisabeth in Venedig
ein zurückgezogenes Leben und kam nur selten dazu,
den Alltag auf den Kanälen Venedigs zu verfolgen.*

*Glanz und Prunk der Lagunenstadt gehörten zu Elisabeths Zeiten
bereits der Vergangenheit an.*

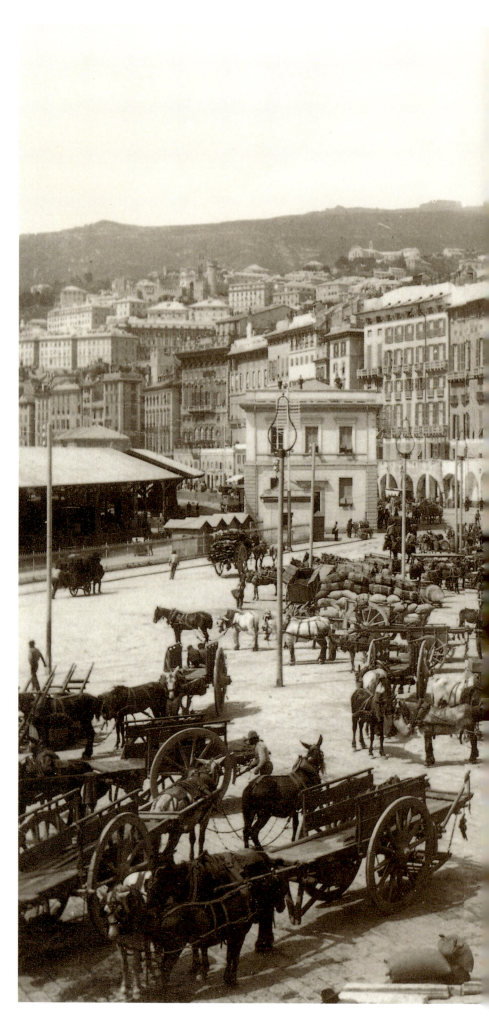

*Die Piazza Caricamento in Genua.
Während ihrer großen Italienreise von 1893
hielt sich Elisabeth auch einige Tage in
diesem norditalienischen Handelszentrum auf.*

*Neapel, vom Hafen aus gesehen. Von hier aus unternimmt Elisabeth im Herbst 1890 Ausflüge nach Pompeji und auf die Insel Capri.*

*Elisabeths Lieblingsschwester Marie war bis 1860 Königin von Neapel. Persönliche Tapferkeit bewies sie bei der Verteidigung der Festung Gaeta gegen die Truppen Garibaldis. Nach dem Verlust von Neapel-Sizilien führte Marie ein unstetes Reiseleben; sie war es auch, die Elisabeths Interesse für England weckte.*

*Reisegruppe in den Ruinen des antiken Pompeji.
Der nachhaltige Eindruck der Ausgrabungen inspirierte Elisabeth
bei der Planung des Achilleions.*

*Idyllische Brücke über eine Bucht des Lago Ganzirri bei Messina.*

*Rechts: Am Ufer des Lago Ganzirri in der Nähe von Messina.*

*Straßenszene in Messina. Die Winterreise des Jahres 1889 führte die Kaiserin nach Sizilien und von dort weiter nach Nordafrika.*

*Der Hafen von Messina, ein wichtiger Umschlagplatz für die Produktionsgüter Siziliens.*

*Der kleine Ort Scilla an der Straße von Messina. Auch hier befand sich Elisabeth auf den Spuren des Odysseus.*

*Die verträumte Ortschaft Paradiso erreichte man mit der Pferdetramway von Messina.*

*Mitte September 1890 trifft Elisabeth in Gibraltar ein. Selbst hier verzichtet sie nicht auf stundenlange Fußmärsche. Im Vordergrund eine Parade der britischen Besatzungstruppen.*

*Auf ihrer Rückreise von Madeira 1861 besuchte Elisabeth erstmals Cádiz. Ihr Biograph Corti berichtet:*

In Cadix ist jeder offizielle Empfang verboten, Elisabeth durchstreift unerkannt die wunderschöne Stadt. Tags darauf, am 1. Mai 1861, fährt sie in einem gewöhnlichen Postzug nach Sevilla. Sie hat inständig gebeten, ihr strengstes Inkognito zu wahren.

*Links: Der Marktplatz des Städtchens Sintra nordwestlich von Lissabon.
Die Sommerresidenz der portugiesischen Könige erreichte Elisabeth
während eines Ausflugs von Lissabon aus.*

*Blick vom Castelo da Pena, dem Mauernschloß Ferdinands von Sachsen-Coburg-Gotha
auf das umliegende Tiefland.*

*Belebte Straßenkreuzung in Marseille, für Elisabeth des öfteren eine Zwischenstation auf ihren Reisen.*

Den Geist, den menschenmüden,
Trüg' gern ich übers Meer
Wohl in den fernsten Süden,
Wo's schön und menschenleer.

Kein Haus wollt' dort ich bauen;
Denn Wände engen ein;
Ich will die Sonne schauen,
Mich an den Sternen freu'n.

*ELISABETH,
Nordsee Lieder*

*1891 hielt sich Elisabeth drei Wochen in Kairo auf, und wie der österreichische Geschäftsträger in Ägypten an den Außenminister berichtete, betrug ihre „durchschnittliche Marschleistung per Tag ca. 8 Stunden".*

*(zitiert nach B. Hamann, Elisabeth)*

*Von den Häfen Nordafrikas bevorzugte Elisabeth insbesondere Algier, das sie wiederholt anlief. Auch hier faszinierte Elisabeth die fremde Welt des Orients.*

# DAS EDEN, WELCHES ICH ERTRÄUMTE

*Die Bucht von Benitses. Am 15. Mai 1861 erblickte Elisabeth erstmals vom Deck der Yacht „Victoria und Albert" die Insel Korfu. Die Begeisterung für dieses Land sollte sie ihr Leben lang nicht mehr verlassen.*

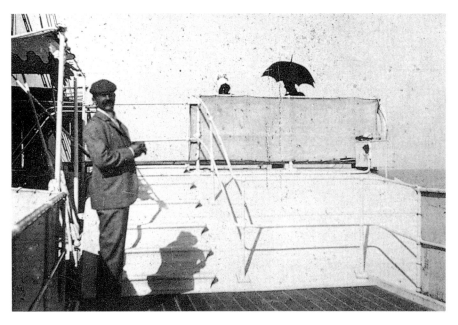

*Am Deck der „Miramar", im Hintergrund mit Sonnenschirm
möglicherweise Kaiserin Elisabeth selbst.
Aufnahme von Erzherzog Franz Salvator, 1894.*

AN BORD DER MIRAMAR

Und schlagt Ihr diese Blätter auf,
Dann sprühe Euch entgegen
Der blauen Wellen weisser Schaum,
Wie salzig frischer Regen.

Keck blase Euch die Mehrluft an,
Recht mitten in die Herzen;
Gar bald vergesset Ihr alsdann
Die Welt sammt ihren Schmerzen.

Und fühlet Ihr erst ab und auf
Der Wogen dreistes Wiegen,
Dann gebt dem Geiste freien Lauf;
Versucht's mit mir zu fliegen!

*ELISABETH,
Nordsee Lieder*

*Die Raddampferyacht „Greif" hieß ursprünglich „Jupiter" und wurde 1860 von der
k.k. Kriegsmarine angekauft. 1866 wurde sie von der eigenen Mannschaft versenkt, zwei Wochen später
wieder gehoben und stand noch bis 1884 in kaiserlichen Diensten.*

ABEND AUF DEM GREIF

Auf der Schiffsbrück' auf und nieder
Wandle ich am Abend gerne,
Aus den Wassern leuchten wieder
All des Himmels grosse Sterne.

An die weisse Schiffswand kommen,
Plätschernd leis', die dunkeln Wogen
Unermüdlich angeschwommen,
Rast- und ruhlos angezogen.

*ELISABETH,
Winterlieder*

*Die kaiserliche Yacht „Miramar" lief im Jahr 1872 vom Stapel, hatte
179 Mann Besatzung und wurde von einer 2000 PS starken Maschine angetrieben.
Das Deck der „Miramar" wurde für Elisabeth fast zur zweiten Heimat.*

*Der Hafen von Smyrna; 1885 wurde er von Elisabeth in Begleitung des bedeutenden Griechenlandkenners Alexander von Warsberg besucht.*

Smyrna, an der Lehne des Berges Pagos gelegen, dessen Kuppe mit den gut erhaltenen Ruinen einer anfänglich genuesischen, dann byzantinischen Burg gekrönt ist und dessen Fuß vom Meere bespült wird, macht einen außerordentlich sympathischen Eindruck. Von der Burg genießt man eine prachtvolle Aussicht auf die Stadt, das Meer und die umliegenden Berge. Die Stadt Smyrna ist sehr ausgedehnt, hat zu meist nur enge Straßen und besitzt keine besonders hervorragenden Gebäude. Im übrigen gibt es in Smyrna noch 41 Moscheen, von denen einige große Vorhöfe haben, die meistenteils mit einem gedeckten Brunnen versehen sind, an welchen die Türken ihre vorgeschriebenen Waschungen vornehmen. Der Basar von Smyrna ist sehr weitläufig, und es werden dort alle möglichen Waren, vorzüglich aber Teppiche, Halbseide- und Baumwollstoffe, Stickereien, getriebene Kupferwaren etc. zum Verkaufe angeboten. Bei dem Einkaufe muß man besonders bei den Teppichen vorsichtig sein, weil dort auch europäische und minderwertige Gewebe, deren Farben nicht haltbar sind, von den Verkäufern hoch angepriesen werden. Die berühmten Smyrnaer Teppiche werden meist in den Fabriken von Uschak erzeugt ...

RICHARD FRH. VON UND ZU EISENSTEIN,
*Reise nach Konstantinopel, Kleinasien,
Rumänien, Bulgarien und Serbien*

*Die Ruinen einer byzantinischen Burg auf dem Berg Pagos und die Stadt Smyrna.*

SMYRNA

Smyrnas heisse Sonne brennet
Nieder auf die engen Gassen,
Wo die Karawanen ziehen,
Majestätisch und gelassen.

Voraus führt der kleine Esel
Mit dem Türken, kopfumwunden,
Der Kameele lange Reihe,
Einzeln an den Strick gebunden.

*ELISABETH,*
*Nordsee Lieder*

*Eine Kamelkarawane lagert vor den Toren des Städtchens Manisa, dem antiken Magnesia.*

Der sogenannte „Waffensaal der Johanniter" auf der Kreuzritterburg von Rhodos,
das sich zur Zeit Elisabeths noch unter türkischer Herrschaft befand.

*Das „Rote Tor", einer der Eingänge zur Kreuzritterburg auf Rhodos.*

RHODUS

Noch lodert in Purpur der Westen,
und schon versilbert der Mond
In Rhodus' gefallenen Festen,
Was Türkenkugel verschont.

*ELISABETH,*
*Nordsee Lieder*

135

*Der Hafen von Piräus, von hier brach die Kaiserin zu ihren Ausflügen nach Athen auf.*

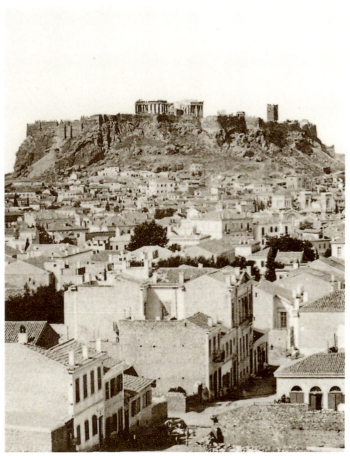

*Blick auf die Akropolis, die Kultstätte des Philhellenismus.*

*Athen, im Hintergrund der Berg Lykabettos mit der Kapelle Ágios Geórgios.*

*Innenansicht der Propyläen aus dem 5. Jahrhundert v. Chr.*

*Eine Reisegruppe posiert für den Photographen vor den Säulen des Olympieions zu Füßen der Akropolis.*

*Das Eréchtheion auf der Akropolis, auf dessen Stufen eine Reisegesellschaft, möglicherweise auch Elisabeth selbst.*

*Eines der malerischen Hafenbecken in der ausgedehnten Hafenanlage des Piräus.*

*Der Isthmos von Korinth, den Elisabeth 1885 von Patras kommend passierte.*

*Stolz präsentiert sich dieser Grieche in der charakteristischen Nationaltracht als furchtloser Kämpfer für die Freiheit seines Vaterlandes.*

*Das königliche Schloß auf Korfu, errichtet in den Jahren 1818 bis 1823, diente von 1864 bis 1913 den griechischen Königen als Sommerresidenz.*

*Die Villa Mon Repos in der Nähe des Dorfes Castrades, erbaut als Sommeraufenthalt für den englischen Lordoberkommissär der Ionischen Inseln.*
*Hier wohnte Elisabeth während ihres ersten Aufenthalts auf Korfu im Jahre 1861.*

*Alexander von Warsberg,
Elisabeths „ästhetischer Reisemarschall"
und Seelenfreund (1836–1889), hatte 1885 zum ersten Mal den
Auftrag erhalten, als bester Griechenlandkenner seiner Zeit
die Kaiserin auf ihrer Orientreise von 1885 zu begleiten.
Er lebte mit der Monarchin gleichsam „simultan" in der
illusionistischen Welt griechischer Mythologie.*

*Beim Anblick dieses, für den Philhellenismus des 19. Jahrhunderts so bezeichnenden Gemäldes von Peter von Heß (Bayerische Staatsgemäldesammlungen) verspürte auch Alexander von Warsberg „den heftigen Wunsch, Griechenland und den Orient zu sehen".*

*Das Hotel St. George in der Stadt Korfu, in welchem Elisabeth und Alexander von Warsberg vor der Errichtung des Achilleions mehrmals abgestiegen sind.*

*Das beliebte Café und Restaurant Saint Nicolas in Korfu.*

*Das abgeschiedene Dorf Gasturi, versteckt unter Platanen und Zypressen an der Ostküste Korfus gelegen.*

*Das Achilleion kurz nach seiner Fertigstellung im Jahre 1891.
Mit diesem Bau verwirklichten Alexander von Warsberg und Kaiserin Elisabeth ihren langjährigen Traum
einer neuen Harmonie von Architektur und antiker Mythologie.*

*Vorderansicht des Achilleions.*

*Peristyl mit dem Musengarten. Die marmornen Musen befanden sich vordem im Besitz der Fürsten Borghese in Rom.*

*Konstantin Christomanos (1867–1911), der Griechischlehrer und Vorleser Elisabeths. Er begleitet Elisabeth 1891/92 u. a. nach Ungarn und Korfu, nach Algier, Madeira, Menton und Villefrance.*

*Nordseite des Peristyls mit dem Zugang zu den Gemächern Elisabeths.*

*Rhoussos Rhoussopoulos, Vorleser und Lehrer der Kaiserin auf ihren Reisen von 1889–1891, so auch längere Zeit im Achilleion auf Korfu.*

*Der blinde Homer, Fresko-Medaillon an der Rückwand des Peristyls.*

*An der Querwand des Stiegenhauses befindet sich dieses monumentale Gemälde Franz von Matschs, das den triumphierenden Achilleus mit dem Leichnam Hectors vor den Mauern Trojas darstellt.*

*Der „Sterbende Achill" im Garten des Achilleions, ein Werk des Berliner Bildhauers Ernst Herter. Neben dem Heine-Denkmal bildete diese Plastik die zentrale poetische Andachtsstätte Elisabeths.*

Doch meine Sonne, die bist du,
O hehrer Achilleus!
Dir schlagen meine Flügel zu,
Wo du dort thronst am Eis.

O stoss' ins Herz mir deinen Speer,
Lös' mich aus einer Welt,
Die ohne dich so öd, so leer,
Umsonst mich ferner hält.

ELISABETH,
*Nordsee Lieder*

*Blick auf die Gartenanlage, im Hintergrund die Bucht von Benitses.*

Der Palast ist in den Berg hineingebaut, die Stirnseite dreistöckig, während auf der Rückseite ein einziges Stockwerk auf eine weite Gartenterrasse mit uralten Bäumen hinausgeht ... Ein breites eisernes Gittertor führt auf die Straße. Eine Rampe steigt sanft hinan zu der äußeren Vorhalle des Schlosses: gewaltige Säulen tragen die austretende, breite Veranda aus Marmor; auf der Brüstung derselben, an jeder Ecke, stehen Kentauren. Das zweite und dritte Stockwerk treten zurück, so daß Raum zu zwei Loggien geboten wird, rechts und links von der mittleren Kentaurenveranda, mit der sie in Verbindung stehen: die zierlichen Zwillingssäulen der Loggien tragen wieder Altane, dem obersten Stockwerke entsprechend; an jeder Ecke der Altane stehen Bronzefiguren, mit Goldgeschmeide angetan, welche weithin strahlende Kugeln elektrischen Lichtes in erhobenen Armen halten ... Durch die Säulenvorhalle traten wir in das offene Atrium: ein hoher, kühler Raum, auch von Säulen getragen, deren unterer Teil mit rotem Samt bedeckt ist. Von den glänzenden Wänden hängt auch roter Samt herab. Wandhohe Spiegel werfen das Licht in glühenden Strahlen zurück. Zu beiden Seiten des Stiegenaufganges stehen riesige Vasen aus Bronze und Porzellan: Fächerpalmen steigen daraus empor bis an die Decke, die mit Freskogemälden, tanzende Nymphen vorstellend, geschmückt ist; aus diesen Vasen sprießen auch künstliche Glasblumen, welchen des Abends elektrisches Licht entquillt ... Eine Marmortreppe, mit Götterbildern der Venus und der Armetis und schöner Jünglinge geschmückt, führt von der Rampe und dem unteren Garten auf die obere Gartenterrasse hinauf. Ein Peristyl umsäumt das Gebäude, wo es sich auf der Gartenterrasse öffnet ...Vor jeder Säule stehen marmorne Musen in Lebensgröße mit Apollo Musagetes an ihrer Spitze ... Am äußersten Ende der letzten Terrasse leuchtet ein weißer Punkt: – Es ist der sterbende Achilles, dem der Palast geweiht ist ...

*KONSTANTIN CHRISTOMANOS,*
*Tagebuchblätter*

*Stiegenaufgang zur Gartenterrasse.
In der Konzeption Warsbergs sollten durch diese Terrassenanlage
die hängenden Gärten der Semiramis wiedererstehen.*

*Das Glashaus in der Nähe von Gasturi.*

*Die Odysseus-Insel in einer Bucht von Korfu.*

Du stehst auf hoher Felsenkante,
Gelehnt an die Kapellenwand,
Zu deinen Füssen ausgebreitet
Schaust du das zaubrisch schönste Land

Doch diese lieblich grünen Thäler,
Hier von Olivenwald bedeckt,
Und dort von blühenden Orangen,
Und Oleandern fast versteckt.

Die edle weisse Bergeslinie
Die majestätisch sich erhebt,
In's Ätherblau, wo hin und wieder
Ein leichtes Silberwölkchen schwebt

*ELISABETH,*
*Das poetische Tagebuch*

*Die einheimische Bevölkerung von Korfu ließ sich gern für die Reisealben Elisabeths photographieren, empfand man doch eine große Verehrung für die fremde Kaiserin.*

*Die verträumte Bucht von Castrades, Ziel so mancher Spaziergänge Elisabeths.*

Wenn die Kaiserin, freundlich grüssend, durch das Dorf geht, erheben sich alle; Segenswünsche werden laut, und die Weiber gehen ihr nach und küssen den Saum ihres Kleides.
Wer aber weit ab von Gasturi, auf einsamer Berghöhe der schwarzgekleideten Dame mit der königlichen Gestalt begegnet und sie noch nicht kennt, irgend ein gekrümmtes, silberhaariges Mütterlein, welches abgefallene braune Oliven sammelt, oder ein junger Ziegenhirt, der zwischen duftendem Thymian und mattrothen Erikabüschen auf einem Felsblokke sitzt und Steine nach den vorlauten Ziegen wirft, der fragt: „Bist du's, die Königin auf Gasturi?"
Und die Lippen der Greisin flüstern: „Gott segne dein Haupt und nehme mir Tage und gebe dir Jahre, du Wundervolle!"

*KONSTANTIN CHRISTOMANOS,*
*Das Achilles-Schloß*

*Das Dorf Ipso am Fuße des Monte San Salvatore.*

SEHNSUCHT NACH CORFU

Mir bangt nach Phöbus' heissen Gluten,
Nach Lunas holdem Silberlicht,
Nach tiefen, blauen Meeresfluten
Nach Palmen, die der Zephyr wiegt.

Ich sehne mich nach den Cypressen,
Die hoch auf grauem Felsen steh'n,
Von welchem, ernst und weltvergessen,
Sie träumend nach Albanien seh'n.

Die Meereswogen plätschern lauschig
Tief unter ihnen in der Bucht,
Und in der Ferne, weiss und bauschig,
Eilt manches Schiff auf leichter Flucht.

*ELISABETH,*
*Winterlieder*

*Für das arme Bergdorf Gasturi erwiesen sich der Bau des Achilleions und der Aufenthalt Elisabeths als wahrer Segen.*

So oft ich Korfu erblicke, verfalle ich in eine Homer-Stimmung, welche andauert, so lange das Schiff zwischen den jonischen Inseln dahin fährt. In den Tagen der Jugend, die Odyssee studierend, machte ich mir dieselbe Vorstellung der jonischen Inseln, wie sie dann durch die Wirklichkeit bestätigt wurde. Grüne Eilande, umspült von lichtblauem Meere, unter tiefblauem Himmel, vergoldet von lachenden Sonnenstrahlen. Das Detail besonders, die über die Felsen hinausragenden breitblättrigen Bäume von Epheu umrankt, die blumenreichen Gebüsche, die rieselnden Quellen, das alles hat, man verzeihe mir den profanen Vergleich, etwas Decorationsartiges, erinnernd an Zauber-Ballete ...

*KRONPRINZ RUDOLF,*
*Eine Orientreise vom Jahre 1881*

*Die Odysseus-Insel.
Der Sage nach strandete
der umherirrende Odysseus
an der Küste Korfus und
traf hier auf Nausikaa und
Alkinoos.*

# ZU DEN PHOTOGRAPHIEN

In den sechziger Jahren des vergangenen Jahrhunderts waren die technischen Möglichkeiten der Photographie, die einige Jahrzehnte zuvor erfunden worden war, soweit ausgereift, daß sie zu einer breiteren Anwendung kommen konnte. Nun entstanden die ersten Porträts in Form von Atelieraufnahmen sowie Landschaftsaufnahmen und Stadtansichten.

In Wien gehörten in dieser Frühzeit der Photographie Victor Angerer (1839–1894), Ludwig Angerer (1827–1879), Emil Rabending (1823–1886), Carl Pietzner (1853–1927) und Alois Beer (1840–1916) zu den angesehensten Meistern ihres Faches. Fast alle Aufnahmen in diesem Buch, die in Wien entstanden sind, stammen von einem von ihnen.

Der dokumentarische Wert, den die Porträt- und Außenaufnahmen aus dieser Zeit darstellen, ist unschätzbar. Trotzdem sind diese frühen Aufnahmen lange Zeit aus einer naiven Überheblichkeit der „kreativen" Kunstsparten geringgeschätzt worden, wodurch unwiederbringliche Verluste entstanden sind. Umso höher ist die Leistung jener Personen und Institutionen einzuschätzen, die sich in den letzten Jahrzehnten der historischen Photographie angenommen haben.

Die Aufnahmen zu diesem Band stammen, soweit nicht anders angegeben, aus dem Photoarchiv von Viktor Kabelka (Wien-Gießhübl, NÖ), der in jahrzehntelanger mühevoller Kleinarbeit Bilder und ganze Alben gesammelt und aufgearbeitet hat, die nun mit diesem Bildband der Öffentlichkeit präsentiert werden können.

*Weitere Abbildungsnachweise:*

Mit freundlicher Genehmigung von Wladimir Aichelburg (k.u.k. Yachten, Wien 1986): S. 128 oben, 129
Mit freundlicher Genehmigung von Werner Bokelberg: S. 92, 93
Country Life: S. 78 oben
Mit freundlicher Genehmigung von Polychronis Enepekides: S. 156 unten, 157 unten
Mit freundlicher Genehmigung von Mrs. B. J. Fowler, Meath, Irland: S. 78 unten
Mit freundlicher Genehmigung der Höheren Graphischen Lehr- und Versuchsanstalt Wien: S. 40
Historisches Museum der Stadt Wien: S. 35, 49, 52 rechts unten, 65, 91
Mit freundlicher Genehmigung von Horst Friedrich Mayer und Dieter Winkler (Als die Adria österreichisch war, Wien 1989): S. 128 unten
Münchner Stadtmuseum: S. 36
Österreichische Nationalbibliothek, Bildarchiv: S. 52 rechts oben, 53, 56, 57 unten, 60 rechts unten, 60 links unten, 77 unten, 79 oben
Neue Pinakothek München: S. 151
Bildarchiv Preußischer Kulturbesitz: S. 52 links unten
Technisches Museum Wien: S. 99 unten
Vanity Fair: S. 79 unten

# LITERATUR ZUM THEMA

Wladimir Aichelburg, K.u.K. Dampfschiffe. Wien 1982.

Wladimir Aichelburg, K.u.K. Yachten. Wien 1986.

Maurice Barrès, Eine Kaiserin der Einsamkeit. In: Verena von der Heyden-Rynsch, Elisabeth von Österreich, S. 185–189.

Briefe Kaiser Franz Josephs an Kaiserin Elisabeth 1859–1898. Hg. von Georg Nostitz-Rieneck. Wien–München 1966.

Konstantin Christomanos, Das Achilles-Schloß auf Corfu. Wien 1896.

Konstantin Christomanos, Tagebuchblätter. I. Folge. Wien 1898.

Egon Caesar Conte Corti, Elisabeth. Die seltsame Frau. Salzburg 1934.

Elisabeth von Österreich. Einsamkeit, Macht und Freiheit. Ausstellungskatalog des Historischen Museums der Stadt Wien. Wien-Hermesvilla 1986.

Peter Gathmann: Elisabeth: Bild und Sein. In: Elisabeth von Österreich. Einsamkeit, Macht und Freiheit. Wien 1986. S. 13–23.

Brigitte Hamann, Elisabeth. Kaiserin wider Willen. Wien 1982.

Verena von der Heyden-Rynsch (Hg.), Elisabeth von Österreich. Tagebuchblätter von Konstantin Christomanos. Mit Beiträgen von E. M. Cioran und anderen. München 1983.

Kaiserin Elisabeth. Das poetische Tagebuch. Hg. von Brigitte Hamann. Wien 1984.

Das Land der Griechen. Aus dem Reisetagebuch des Alexander von Warsberg. Hg. von Peter Müller. St. Pölten–Wien 1984.

L. K. Nolston (Hg.), Ein Andenken an Weiland Kaiserin und Königin Elisabeth. Wien 1899.

Prinzessin Stephanie von Belgien Fürstin von Lonyay, Ich sollte Kaiserin werden. Leipzig 1935.

Irma Gräfin Sztáray, Aus den letzten Jahren der Kaiserin Elisabeth. Wien 1909.

Alexander von Villers (1812–1880), Briefe eines Unbekannten. Hg. von Peter Müller. Wien 1983.

Marie Louise von Wallersee vormals Larisch, Kaiserin Elisabeth und ich. Leipzig 1935.

Alexander Frh. von Warsberg, Odysseeische Landschaften. I. Bd. Das Reich des Alkinoos. Wien 1878.

John Welcome, Die Kaiserin hinter der Meute. Elisabeth von Österreich und Bay Middleton. Wien–Berlin o. J.